LA PRIMERA AMENAZA SOBRE NEW YORK VINO DE PARTE DE FIDEL CASTRO.

Ese mismo Castro que ahora le llora por un plato de comida a Estados Unidos. Veamos:

Cuenta el Embajador de Estados Unidos en Cuba, Mr. Bonsal, en su libro "El Cuarto Piso", que en Mayo 1ro de 1961, cuando todavía astro estaba disfrazado de Premier, en una aparición de tres horas y media en la televisión de La Habana, declaró que "Cuba era un país socialista y que en largo tiempo no iban a haber elecciones". Y le preguntó al público que llenaba los estudios: ¿Ustedes quieren elecciones? "No... no... no..." le replicó la audiencias que inundaba el estudio. (algunos de esos que no querían elecciones, deben estar aquí o muertos) Y en ese largo discurso, que mantuvo a la Habana despierta, agregó: "Díganle a Kennedy que si no le gusta el socialismo, a nosotros no nos gusta el imperialismo. Nosotros no queremos el imperialismo. A nosotros no nos gusta el capitalismo. Ellos, los Estados Unidos, deben tener cuidado con su política agresiva o corren el peligro que Nueva York se con-vierta en una nueva Hiroshima". Y cuando el Premier Ruso Nikita Kruchev, le tuvo que aguantar la mano a Fidel Castro para que no disparara un cohete nuclear, el blanco ordenado a los técnicos soviéticos en cohetería, era la ciudad de New

York. Es este mismo Castro, que los norteamericanos de la izquierda, los grandes periódicos de Estados Unidos, las grandes cadenas de televisión y las grandes corporaciones, han mantenido en Cuba por 42 largos años.

Así se escribe la historia.

DEL PRIMERO DE LOS NEGROS
AL PRIMERO DE LOS BLANCOS

Antonio Llano Montes

DEL PRIMERO DE LOS NEGROS AL PRIMERO DE LOS BLANCOS

Alexandria Library
Miami

ISBN: 1512323497

Diseño de portada y tipografía:
Pablo Brouwer

www.alexlib.com

ÍNDICE

PRÓLOGO

No pretendo en este libro, decirle a los lectores todo lo que he dicho en la Radio en 18 años haciendo un programa, ni cuando trabaje en la televisión en Cuba, ni cuando tenía una página en la Revista Carteles de Cuba, ni en mi columna diaria en el Periódico "El Mundo" de Caracas, Venezuela, ni cuando dirigí la Revista Boricua en Puerto Rico, ni tampoco cuando era columnista de La Nación en Santo Domingo, con Bonilla Aybar que era su director, ni mi larga colaboración con el general Wessin, cuando evitamos que la República Dominicana, cayera en manos de la bestia roja de Cuba, Fidel Castro.

Sería un esfuerzo inhumano y además, cansaría a los lectores diciéndole la opinión que tenía sobre problemas locales, internacionales y de carácter político. No se puede tapar el mundo con un dedo, ni tampoco meterle por la cabeza a mis lectores y a mis amigos, tantos años, tantos miles de opiniones personales de la política y de otros temas.

En este libro, como en los seis libros anteriores, he querido alumbrar la verdad y combatir a los pillos, hasta donde mi esfuerzo lo permite.

En este libro esta una parte de mis opiniones sobre temas de actualidad, políticos y sociales, económicos y de todas las cosas que interesaban al público.

Ese es el deber cumplido con mis oyentes, mis lectores y los que me vieron en la televisión en Cuba y leyeron los periódicos donde yo trabajaba en países hermanos.

Yo creo que en las páginas de este libro hay algo interesante para los lectores y además, he cumplido con mi deber como periodista, al descorrer el velo de algunas cosas, que permanecen tapadas y no llegan al público.

EL AUTOR.

AHORA COMENZÓ UNA NUEVA GUERRA, TAN BRUTAL COMO LAS ANTERIORES, PERO DONDE MUEREN MÁS INOCENTES: LOS NIÑOS, LAS MUJERES Y LOS HOMBRES VIEJOS, JÓVENES Y DE CUALQUIER EDAD. LA GUERRA DEL TERRORISMO.

Esa guerra la inventaron los vascos en España, afortunadamente Francisco Franco, en su larga dictadura, les dio una buena paliza y esas guerras bajaron a mucho nivel y al mismo tiempo dejaron tranquila a España. Pero los islámicos y los que no son islámicos, la están utilizando con tanta o mejor utilidad que los grandes ejércitos, sin tener aviones, ni otras armas modernas.

Un poco de pólvora o gasolina, sirven para explotar en el aire o hacer caer al mar una aeronave de algún país. Los muertos no importan, lo que importa es la primera pagina de todos los periódicos del mundo, la TV y la radio.

En los días que estamos escribiendo esto, varios aviones llenos de pasajeros al ido al fondo del mar, sin importar los niños que iban en ese avión, ni las personas inocentes que murieron. Y ese tipo de guerra está afectando el transporte, la unidad de familia y el sistema de turismo Los que hicieron caer el avión, no les importaban los niños, ni las mujeres ni las personas ajenas a esta guerra, donde el objetivo es imponer el terror. Y estos guerreros del terror y del crimen, saben hacer una pequeña bomba, que dejada caer, inocentemente, dentro de la aeronave, envía para el otro mundo a cientos de viajeros. Hay otras formas que solo ellos saben para derribar aviones, e imponer el terror.

Y este tipo de guerra donde casi siempre pagan las víctimas inocentes, se ha puesto de moda por su efectividad y el bajo costo, del terrorismo. Y se puede hacer en salones de conferencias, en escuelas y universidades, sin que esos malditos guerreros paguen sus culpas.

Por supuesto que estas guerras donde no se necesitan cañones, ni acorazados, ni ejércitos ni aviación, ni armas tan costosas, puede hacerla cualquier. país, por pequeño que sea, o cualquier grupo de matones y terroristas. Lo que quiere decir, que es una guerra difícil de combatir.

A España le costó trabajo, muertos y dinero bajar de nivel el terrorismo en la nación. La enseñanza y los profesores, existen, pero están bajo control, porque casi todos ellos llevan años en la cárcel, sin ningún derecho para terminar su condena.

Pero aparte del ejemplo de España, que el terrorismo estaba orientado a lograr niveles en la vida política, o como arma de algunos políticos sin escrúpulos, ahora, en los tiempos modernos el terrorismo ha avanzado de técnicas y soportado y pagado por países o grupos que imponen como su política el terrorismo, como en el caso de algunos países islámicos.

Todo esto les da una idea clara al lector, de que estamos enfrascados ya en una Guerra distintas a las de antes, pero utilizando el mismo objetivo y otros que no existían en las guerras anteriores, como volar aviones,

Matar a mujeres y niños en un cine o volar un avión lleno de pasajeros sin importarles los inocentes que iban dentro de la aeronave.

WTC, minutos antes de derrumbarse en Septiembre 11 de 2001.

YA ESTAMOS EN GUERRA Y EL QUE LO DUDE, QUE VEA TELEVISIÓN, QUE LEA PERIÓDICOS O QUE VAYA A UN ACTO POLÍTICO. AMÉRICA ESTUVO A PUNTO DE SER GOBERNADA POR LOS PIRATAS Y LOS GRANDES CACIQUES DE MÉXICO Y PERÚ. ¿DÓNDE ESTARÍAMOS AHORA?

Cuando Colón descubrió América, un territorio tan grande o mayor que toda Europa y partes de Asia, estuvo a punto de ser dominado por los grandes piratas de Europa. ¿Después de varios siglos cual sería ahora el destino de América?

Tan pronto llegaron los conquistadores españoles de América, fundaron pueblos y ciudades. Pero para hacerlo, en muchos casos tenían que luchar contra los piratas de Europa, que estaban escondidos en los territorios de América y los conquistadores españoles tenían que luchar en dos frentes: frente a los belicosos indígenas y frente a los piratas, que ya habían hecho su cuartel general en partes de América. Es el caso del conquistador, Pedro Menéndez de Avilés, que para fundar algunos pueblos en América, tuvo que desalojar de allí a muchos piratas que operaban en Europa, con preferencia en el mar Mediterráneo.

Por ejemplo, en la isla La Española, Haití y Santo Domingo, los piratas Morgan, Pata de Palo, y el Olones, pusieron su cuartel general en una de las pequeñas islitas, en el Norte de su territorio, la Isla Tortuga, yo he estado allí varias veces, en mis primeros viajes periodísticos.

No fue fácil sacarlos de América, ni evitar los ataques y destrucción de muchos galeones que viajaban entre América y Europa. Los barcos piratas, estaban presentes en todo el ancho mar Atlántico. En la propia Bahía de Vigo, en España, se atrevieron a atacar los galeones que llegaban de América y robar lo que traían.

Abriendo el continente americano, para fundar ciudades y obtener valiosos recursos que no habían en Europa, los conquistadores tuvieron que luchar en varios frentes, contra los aborígenes de los imperios Azteca y Perú y contra la piratería del Mediterráneo de Europa.

Para esos piratas de Europa, era difícil esconderse en un mar como el Mediterráneo o los costas del Atlántico, por esa razón se ubicaron en islas de América, desde donde atacaban los galeones que iban o venían de Europa.

Los propios reyes españoles, tuvieron que apelar a los conquistadores para que le dieran batalla a la piratería. En una ocasión, dándole poder a Pedro Menéndez de Avilés, para buscar y apresar al famoso pirata "Pata de Palo", que había trasladado su escondite en El Caribe y Sur América.

El famoso pirata inglés William Morgan, de quien descienden familias de millonarios en Europa, era el más famoso de todos y tenía varios barcos para asaltar a los barcos españoles que venían de América.

La Habana, capital de la isla de Cuba, fue atacada varias veces por el pirata Morgan y otros piratas, que abordaban los galeones en el Atlántico y robaban lo que traían de América. La capital de Cuba, La Habana, fue bloqueada en varias ocasiones y los piratas no desembarcaron porque la ciudad estaba protegida de varios fuertes, con miles de soldados españoles. Pero pequeños pueblos de la costa cubana, fueron atacados e incendiados por los piratas después de matar y robar.

Era cosa normal que alguno de los puertos de Cuba, hubiese sido atacado por piratas. Por eso los conquistadores tuvieron que fundar Fuertes militares, para que la población pudiera refugiarse en ellos. Es el caso de San Agustín, en La Florida, La Fortaleza de La Cabaña, en Cuba y otros Fuertes que fueron construidos en las Colonias españolas de América.

Supongamos que los imperios Aztecas y peruanos, hubieran podido desalojar de América a los españoles, y que la piratería pusiera en América su cuartel general, en combinación con esos caciques poderosos. ¿Cuál sería el destino de América en estos momentos?

Por supuesto que es fácil adivinarlo, pero no cuando ya América esta civilizada y tiene fuerzas para defenderse.

Pero si los grandes caciques de México hubiesen trasladado su centro de operaciones al Norte y Este, en los territorios que hoy es Estados Unidos, y los del Perú hubiesen hecho lo mismo con Sur América, la tarea de llevar allí a la civilización europea hubiese costado mucha sangre y quizá no hubiese podido llegar a tener una América, fuerte, unida y más rica que ningún otro continente de este Planeta.

Por eso otro hubiese sido el destino de nuestro continente americano, porque sin la ayuda de Europa, nunca se hubiese podido vencer a la piratería y aquellos reinos fuertes como los de México y Perú y otro hubiese sido el destino de América y más largo tiempo y más sangre hubiésemos tenido que aportar.

Por supuesto que el país Azteca, en su medio, era poderoso, pero eso no lo podían aceptar otras tribus de México, que tuvieron que bajar la cabeza y sucumbir frente a su poderío.

En resumen, a lo que voy: que la América sería distinta a como la tenemos ahora, si no hubiesen llegado reinos de Europa a traer sus costumbres y sus recursos y valientes soldados para luchas contra la piratería.

De todos modos, si los piratas hubiesen podido disputarles, Sur o Centro América a España, y hubiesen ubicado allí el centro de la piratería mundial, el resto de América no habría podido desarrollarse como lo hizo y América del Norte, del Centro y del Sur, no serian lo que son actualmente, porque los pueblos libres, se desarrollan y prosperan bajo la paz. Y los piratas y los grandes caciques indígenas, hubiesen tomado poder junto a los piratas e impedir esa paz.

Esa es en sí, la idea que tengo de fue importante que Colón llegara a América y que valientes conquistadores como Cortes, Pizarro y otros hubiesen recibido de España la orden de desalojar a los piratas de las posesiones que habían tomado en la isla La Española y Sur América.

Con los piratas y los grandes emperadores indígenas, América se hubiese quedado retrasada frente a otros país de Europa y del resto del planeta.

CHÁVEZ CUANDO COMENZÓ ERA UN PRESIDENTE ELEGIDO POR EL PUEBLO DE VENEZUELA. LO APOYARON PARA QUE SE CONVIRTIERA EN DICTADOR, UNA HERRAMIENTA DEL GOBIERNO MUNDIAL DEL DINERO.

Chávez fue el fantasma que pusieron frente a Castro, y la pelea de perros entre ambos atrae la atención de todo el continente americano y la prensa tiene material para llenar sus periódicos.

Los dictadores y tiranos, juegan un papel importante en este juego a la ruleta que es la política de los que controlan el mundo. Los convierten en una herramienta que la usan para las guerras, para la política mundial y para que sirvan a desviar a la opinión pública y la prensa hacia ellos y ocultar lo que hacen esos grandes que controlan el gobierno mundial con su dinero.

Chávez, en su Segundo y tercer y cuarto mandato, fue una herramienta importante en este hemisferio, como lo es Israel en el Medio Oriente y otros países en Asia y Europa. El propio Castro le tenía miedo a su trayectoria y su postura anti-imperialista, y el objetivo era ponerle un freno al nuevo líder de Venezuela, que utilizaba sus mismos argumentos para seguir gobernando.

Veamos, Israel es una nación que se rige democráticamente y representa un factor en el medio Oriente.

Pero es un país pequeño, incapaz de defenderse frente a una acometida del mundo musulmán.

Los grandes del dinero, el poder mundial, lo utilizan como un freno a los países musulmanes que controlan el petróleo. Por eso le han permitido tener la bomba atómica y un ejército fuerte y bien armado y respaldado por las grandes herramientas del dinero que controlan al mundo. Esos millonarios, sin poder, sin el juego que hacen para quitar y poner sus peones en el tablero, no serian nada. Recibirían las mismas acometidas que hacían los cuatreros cuando asaltaban las diligencias en el Medio Oeste.

Adolfo Hitler quiso dominar el mundo, pero utilizo la formula menos apropiada, destruir a un pueblo como el judío, sin pensar que sus abuelos fueron judíos y todos sus socios como Rosemberg, jefe de los campos de exterminio, Himler y el 75 por ciento de su banda eran judíos o descendientes de judíos. Y Hitler se equivocó, como se equivocan ahora los que dominan el mundo con su dinero, que crean sus fantasmas y luego los destruyen.

El factor importante no es el dominio del mundo, sus tierras y sus habitantes, es el dominio del producto que tienen, como el petróleo, el hierro, su industria y su comercio.

Y esta práctica de crear dictadores, sojuzgar países, dominar y hacer guerras comerciales, no terminara hasta que se cree un Tribunal Mundial, donde tengan cabida los jueces de todos los países y una policía internacional, que los ponga en la cárcel o los fusilen o los lleven a la silla eléctrica, según sea el veredicto de ese Tribunal de Justicias Mundial.

Todo lo demás es seguir el mismo juego que hemos tenido hasta ahora: el grande se come al pequeño, y el pequeño es la comida de los grandes.

Sin una justicia mundial, que pueda hacer justicia y condenar, estamos perdidos, porque seguirá el juego de los dictadores como herramientas del poder mundial del dinero, seguirán las guerras para despojar a un país de sus riquezas o le pondrán la soga al cuellos de todos los habitantes del planeta, como hacían los ingleses con los pobres esclavos que traían del África.

Un Tribunal Mundial, con jueces de diferentes países, dándole mayor jerarquía a los países pequeños y una fuerza policíaca mundial, con verdadero poder, para cumplir las sentencias de este tribunal, será un factor decisivo.

Eso de crear dictadores y tiranos, para someter pueblos, guerras para arrebatar sus riquezas a los países pequeños y tener el mundo al borde de su destrucción final, es un juego peligroso, al que el poder del dinero se debe separar y los políticos que le sirven de títeres deben entrar en razón. Solo así podremos seguir avanzando y destruyendo esos juegos que nos separan y nos meten en guerras sin motivo alguno.

Los Chávez, los Castro, los poderes musulmanes o judíos, que le sigan el juego a los poderes que dominan el mundo, serán los culpables del derrumbe del sistema de gobierno de los países que habitan este planeta Tierra.

ADÁN JIMENO, UNA PERSONA QUE PODÍA DARLE CLASES DE URBANIDAD Y DECENCIA A LA MITAD DE LOS QUE VIVEN EN ESTADOS UNIDOS.

Adán Jimeno era mi amigo, lo fue durante mucho tiempo hasta su lamentable muerte, que fue una verdadera tragedia, según me contó su también amigo Peterson.

Adán Jimeno era un hombre de la raza negra, pero que le podía dar clases de urbanidad y decencia a la mitad de la población de Estados Unidos, como digo en el título y lo seguiré diciendo mientras viva.

Caminar con Adán Jimeno por el Down Town de Miami, era para cualquiera un espectáculo digno de verse. En cualquier cuadra de la parte comercial de Miami, los propietarios de los establecimientos salían a la puerta a saludar a Adán Jimeno, casi todos por algún favor político o comercial que les había hecho, sin que le costara un solo centavo.

Nunca lo vi sin chaqueta y corbata, el estaba siempre correctamente vestido y sabia vestir.

Era un hombre honrado, de él no se podía decir nada que tuviera que ver con la traición, el engaño o una mala conducta.

Todos lo querían, tenía muchos amigos y una Comisionada de Miami City, Natalie Range decía que Adán

Jimeno era su hijo. Y una vez, en una de sus intervenciones en la Comisión de la Ciudad, entraba por la puerta Adán Jimeno y ella dijo: "aquí ha llegado mi hijo Adán".

Muchas historias se cuentan de Adán Jimeno, todas buenas, ninguna para decir algo malo sobre él. Por esa razón lo traigo a mi libro, porque entre las personas que han honrado mi amistad en muchas partes del mundo, esta Adán Jimeno.

Lo saluda desde el más pobre trabajador de Miami y el más rico también. En cierta ocasión, le pedí que me llevara a las oficinas de Milton, uno de los hombres de más dinero en la Florida y lo vi empujar la puerta de su oficia y Milton salir de su asiento y darle un abrazo. El no tenía que anunciarse para ver a Milton, el empujaba la puerta de su oficina, como eran las órdenes del propio Milton.

En cierta ocasión en que yo iba a vender una hipoteca que tenía sobre un apartamento de Miami Beach, lo comente con Adán Jimeno y me dijo: "Yo te la compro". Y Fuimos a un banco en la calle 36 del North West de Miami y le dijo a la oficial de su cuenta que le hiciera un cheque por 80 mil dólares a nombre de Antonio Llano Montes, que era el valor de la hipoteca. Ven mañana a recogerlo le dijo la oficial de su cuenta.

Al día siguiente, en la mañana, me llamo Adán y me dijo, ya tengo tu cheque ven a mi casa para dártelo. Fui a su casa y estuvimos hablando por casi dos horas y me fui porque estaba apurado con una cita que tenía en la estación de radio. Y cuando iba en el automóvil me recordé que no le había pedido el cheque y pensé que no tenía importancia porque nadie va a perder un cheque por esa cantidad de dinero.

Al día siguiente fui a casa de Adán Jimeno y le dije que me había olvidado de recoger el cheque y este me dijo: Llano Montes te di el cheque cuando estábamos en el Banco. Y yo le dije que no era así, que lo tendría la oficial del banco y que él no lo recogió. Me dijo que si lo había recogido y que me lo había dado y le dije que no, que recordara bien y me fui.

Al día siguiente, me llamo a mi casa Adán y me dijo tenemos que ir a la oficina de tu hija la abogada, para un asunto legal que tengo. Lo fui a buscar y fuimos a la oficina de mi hija, pero insistió que me había dado el cheque y yo era quien lo había perdido. No le dije mas nada.

Cuando llegamos a la oficina de mi hija el abrió su maletín y yo vi un sobre del banco que estaba sobre la mesa, lo abrí y le dije: Adán mira lo que hay aquí adentro y era el cheque de 80 mil dólares. Se asombro y me dijo, "yo estaba seguro que te lo había dado y le respondí, pues fuiste tú quien perdió el cheque entre la cantidad de papeles que llevas en tu maletín".

Yo nunca puse en duda la honradez de Adán y siempre pensé que él lo había extraviado entre sus papeles.

LA JUSTICIA EN MIAMI:
NÚMERO UNO EN LA DISCRIMINACIÓN.

El mayor problema que tienen los vecinos de Miami y en el resto de E.U. es la discriminación ante la justicia. Si usted tiene 70 años o más, usted es el culpable en un caso de automóviles, si alguien le sale al camino y lo arroya o si tiene un choque. Por cualquiera de estas cosas en el transito, usted es culpable. No importa si el otro chofer venia corriendo, borracho o se había fumado una marihuana: usted es el culpable. La justicia, la policía, y los tribunales, lo condenan por la edad, cosa que se ha convertido en una costumbre y en una discriminación.

Si usted va manejando y uno de esos que convierten las calles de Miami en autopistas lo choca. Ante la policía, que está viendo su edad en la licencia de manejar, lo mas fácil es que le den el ticket a usted y que cuando vaya ante el juez lo condenen a una multa y le quiten la licencia de manejar. En Miami y Estados Unidos, la discriminación con la gente mayor, es algo que forma parte de la ley: el que tiene licencia de manejar y más de 70 años, es ya un culpable ante la ley del tránsito, ante los seguros y ante la policía. El seguro del carro le cuesta el doble que a un jovencito de 20 años, que maneja a velocidad, se fuma dos otros marihuanas todos los días, o toma ese ron barato en los bares con sus amigos. Para la persona mayor, sacar su licencia de manejar le cuesta Dios y ayuda y una buena cantidad de dólares.

Y hay policías abusadores que le faltan el respeto y se quedan con su licencia y la chapa del carro y envían su vehículo a un almacén o garaje donde le cobran veinte dólares diarios, cuando usted lo va a sacar y si demora muchos meses y no tiene el dinero para sacarlo, ellos se quedan con el carro y lo venden. Y si usted tiene más de 70 años y no trabaja, es la victima perfecta para ser un cliente de esta estafa, amparada por la ley.

Ser un Viejo en E.U. o pasar de los 70 años, usted es un apestado, no tiene ningún derecho ante la ley y por cualquier falta lo arrestan y le quitan su propiedad y su automóvil. Vean la lista de los ciudadanos de Estados Unidos que el Reverse Mortgage, le ha quitados sus casa, por un pequeño préstamo que le hicieron, por la mitad del valor de su residencia, por el 10 por ciento o en muchos casos por una suma ridícula que usted necesitaba para pagar los impuestos a la propiedad o para hacer arreglos en su casa.

La edad ante la justicia, en el transito, es ya una condena y si alguien me quiere demostrar lo contrario yo tengo en mis manos los casos de miles de ciudadanos que han perdido su casa o su automóvil, por estas leyes que amparan a los grandes tiburones de las finanzas o a los policías abusadores.

Estados Unidos es el país de las maravillas y por eso en algunos parques públicos de Miami, muchas familias duermen dentro de su automóvil con sus hijos, porque han perdido sus casas por haber caído en manos de la Reverse Mortgage.

Oros miles de ciudadanos de la tercera edad, pierden sus licencias de manejar o su automóvil, por la decisión de policías y jueces que ven a las personas de más de 70 años, como un enemigo fácil para llevarlos a la peor condición de su vida en Estados Unidos: perder la licencia de manejar es algo parecido a perder la vida.

No todos los jueces del tránsito lo hacen, pero sí un 75 por ciento de ellos caen en las manos de la discriminación de jueces y policías que dicen representar la ley.

Al parecer los jueces y los policías de hoy, son los que tienen en sus manos la vida y la economía, de nuestros ciudadanos de más de 70 años, que son discriminados en el transito y robados por organizaciones que tienen el respaldo de la ley.

Algún día tienen que llevar ante la justicia a los culpable de estos delitos que amparan la ley y los jueces, bajo el pretexto de la edad o de haber caído en manos de la Reverse Motgage.

Manejar en Miami no es un lujo para las personas mayores, es la primera de sus necesidades, para trasladarse de un lugar a otro para ver a su familia en una de las regiones de la ciudad, que está a veinte millas de su casa.

Hablan de la bondad del transporte público, existe y llena una necesidad, pero los que tienen que depender de ese transporte público, se mueren esperando un ómnibus o tienen que confiar a sus pies las enormes distancias en que hay que movilizarse en Miami. El transporte público en Miami fue organizado cuando los perros se amaraban con longanizas, pero en la época actual es un desastre de gigantescas proporciones.

Esperando un ómnibus en una esquina, en horas de la noche, lo pueden convertir a usted en huésped de un cementerio, o se puede quedar sin nada en los bolsillos.

Estamos a las buenas de Dios y de los santos del paraíso.

CORAL GABLES LA CIUDAD MÁS LINDA DE MIAMI Y QUIZÁ DE LOS ESTADOS UNIDOS, NO HAY OTRA IGUAL EN EL RESTO DE AMÉRICA.

Caminar por sus calles y avenidas nos hace sentir en Italia, Francia o España. Anchas avenidas, calles empedradas, fuentes de agua, pequeños caminos, por entre verde hierba y árboles frondosos, nos transporta a la vieja Europa, y sus reliquias. Cualquiera de sus entradas, que no he podido contarlas, por su distancia, es un monumento a su belleza. La entrada del Prado, que comienza en la calle ocho del S.W. y la 57 avenida, es de una belleza sin igual: una bella fuente de agua grande, columnas al lado de una frondosa vegetación, lo transporta a una ciudad Antigua de España, Italia o Francia.

Varias veces a la semana yo almuerzo o desayuno en una cafetería que esta al pasar la calle de esa entrada y cuando me desvió de mi ruta y voy por ese Prado bello, entre sus columnas y sus fuentes de agua, me siento feliz por estar en ese lugar. En muchas ocasiones he visto celebrar bodas o bautizos allí, que dan un espectáculo bello a y disfrutar de las bellas reuniones de familias junto a sus murallas.

Y por toda la zona de Miami, donde está enclavada Coral Gables, hay bellezas en monumentos, antiguas columnas de ciudades europeas de hace siglos y nos rodea la belleza del lugar y hace sentir feliz a cualquiera.

La ciudad de Coral Gables se extiende hasta otras ciudades del Condado que la rodean, sus calles tienen nombres, no números como estamos acostumbrados y es muy fácil desorientarse. Cuando yo entro al centro o la periferia de la ciudad, siempre me pierdo y tengo que acudir a la brújula que tiene mi automóvil, que me dice donde estoy y como puedo llegar a mi destino.

En cierta ocasión me reuní con su Alcalde, un político que sabe lo que tiene en sus manos y como cuidar esa belleza de ciudad y me ha orientado en algunos datos históricos que no conozco. Como una gran parte de las calles que llevan nombres de los conquistadores españoles, Pizarro, Ponce de León, Velázquez, Cristóbal Colón y otros de la historia de América y la conquista, y muchas veces, como dije antes, tengo que apelar a la brújula de mi automóvil para poder llegar a donde voy.

Coral Gables es una ciudad de la Europa Antigua, que está rodeada de belleza y buen gusto, su alcalde la cuida, porque sabe que es distinta a las demás y sabe en la forma que hay que gobernarla.

La gente más rica de Estados Unidos ha plantado su residencia en Coral Gables y ahora los imitan los millonarios que huyeron de Fidel Castro en Cuba y de otros tiranos en América.

Observando las bellas residencias que hay en esa Ciudad de Miami, se me ocurrió preguntarle al Alcalde, que cuanto le costaría a alguien una casa en esa ciudad y me dijo: "con menos de seiscientos mil dólares, usted no puede comprar una residencia en esta Ciudad". Y agregó, "Aquí hay residencias que cuestan cinco o siete millones" Y eso le dice la forma en que obliga a un alcalde, a ser prudente, tener una buena economía y saber que está tratando con una comunidad distinta a la de otras ciudades. Aquí han plantado su tienda los más grandes millonarios de Estados Unidos, y los cubanos que salieron millonarios de Cuba y los millonarios que ahora huyen de Chávez y otros gobiernos parecidos o iguales.

Y esa gente de dinero de toda la América, de Estados Unidos y algunos de Europa, han elevado la economía de esta ciudad, donde todavía viven personas que compraron hace cuarenta o cincuenta años, que los precios y la economía no estaba tan elevada, por cuarenta o cincuenta mil dólares y ya son millonarios si logran venderla.

Coral Gables es una ciudad tranquila, que no se ve caminar por sus calles a una persona, que cuida su belleza y su tranquilidad, pero que hay que tener millones para vivir en ella. Por esa y otras razones de paz, tranquilidad y distinta forma de vida, es que Coral Gables se distingue del resto de las ciudades en el Sur de La Florida.

Paseo de Prado de Coral Gables. Cuando usted entra le parece estar en Italia o España, o en algunas de sus bellas plazas. Pero la reacción a pensar que esta en Miami, lo vuelve a la triste realidad.

Esta es una de las bellas plazas de Coral Gables, con sus fuente de agua y sus columnas, la entrada principal es la que está en la 57 Avenida y la calle 8 del South West de Miami.

LA INDIOSINCRACIA DE COCONUT GROVE. UNA ZONA DE MIAMI DONDE LAS CASAS VALEN DE MEDIO MILLÓN PARA ARRIBA. EL BARRIO ES OSCURO, NO SE VE UNA LUZ, NI SUS LINDAS CASAS. OSCURIDAD, TODO ES OSCURO.

Todo parece, como si los propietarios de casas quisieran vivir en la oscuridad y esconder la linda fachada de sus casas. Entrar en las calles de Coconut Grove, me transporta a las películas de misterio que veíamos cuando éramos jóvenes. Todo es oscuridad, solo se ven las luces de los semáforos y de los automóviles en sus vías principales. Cuando voy a Coconut Grove, mi mente se va a las películas de misterio que veíamos cuando niños: "Frankeshtein, " "Drácula" y los "Misterios del Barrio Chino".

A lo mejor, es la oscuridad una de las principales facetas de esta comunidad de millonarios, donde para ser vecino usted tiene que disponer de millones para comprar una casa y si alquila una, la mensualidad no le baja de dos o tres mil dólares. Todo parece indicar que esa oscuridad tiene algún motivo importante, porque ni la ciudad, ni los vecinos parecen vivir felices en la soledad de la oscuridad y, valga la redundancia.

La barriada de Coconut es bella, repito, pero si tuviera luces en las calles y en la puerta de las casas, sería más bella. No sabemos que esconde detrás esa oscuridad, porque la persona civilizada le gusta la claridad y las mujeres se asustan y muchos hombres también, cuando entran en una barriada de gente rica y todo es oscuro.

Pero además de eso, hay otro factor negativo, que los delincuentes y criminales, siempre prefieren ese entorno para sus actividades. El otro día fui a una casa de gente rica, acompañando a una pareja de amigos que hacia una visita y me dije para mis adentros, "en esta casa no viviría yo ni regalándome el alquiler. La oscuridad de boca de lobo, los arboles con unos troncos inmensos y la oscuridad alrededor y a lo largo de la calle, no brindan un paisaje de aliento a los vecinos y sus visitantes.

Y repito, Coconut Grove es una zona bella, de casas de alto valor y sus vecinos tienen que ser gente de paz y orden, pero el paisaje que se ve en la noche es aterrador, como si la oscuridad sirviera para defender su tranquilidad de los vecinos.

Entrar en la noche en esa barriada o ciudad de Miami, es imponente y ver la oscuridad total de calles y casas, más imponente aun. No sabemos hasta qué punto llega la delincuencia y mucho menos los robos que se producen allí, pero de lo que si estamos seguro es, que esa oscuridad, esas calles vacías, esas casas tan bellas y esa falta de policías en sus alrededores, es una invitación al robo y al crimen.

A lo mejor yo estoy equivocado y esa área es todo lo contrario, pero también puede ser que esa área, no haya sido vista por ladrones de categoría y por ladrones profesionales o por rateros vulgares, que lo mismo le roban la cartera a una mujer que un automóvil de lujo en una agencia de carros o en un centro de parqueos.

En verdad que cada vez que yo entro en Coconut, Grove, muy pocas veces, me asusta esa oscuridad, ese vacío de sus calles y esas lujosas residencias sin una luz en sus puertas.

Pero cualquiera que visite esa barriada de lujo, de Miami, tendrá pensamientos iguales a los míos o peores. El paisaje invita a pensar en nada bueno y habrán personas que piensen que Coconut Grove es una ciudad protegida por el Diablo.

No vean en este pensamiento mío, ningún otro propósito, pues yo estoy pensando lo mismo cada vez que entro en esa ciudad tan bella y siento el terror de su soledad y oscuridad en la noche y sus calles vacías, donde se ven pocas personas y ningún policía.

Y me emociono cuando veo sus lindos arboles, lo verde que es allí la naturaleza y siempre tengo el mismo pensamiento de que allí la oscuridad es la felicidad. ¿Y por que por eso debe ser él? por que los vecinos y la gente mala han hecho, su felicidad con la oscuridad y la gente buena apela a esa oscuridad para ser feliz y saber que los ladrones siempre ven una trampa en esa oscuridad de lobo que hay en los barrios, en las calles, en los portales de las casas y la policía es feliz por tener esa oscuridad, para dormitar muchas horas en la noche pensando que también los ladrones y la gente mala piensa que esa oscuridad es una trampa para ellos y aguantan sus deseos de vivir del dinero de los demás. Y quizá ese es el motivo, para que la oscuridad haga la felicidad de los que viven en Coconut y que la luz pierda puntos al igual que la empresa que la vende a esa zona, pierda dinero con esta oscuridad.

Cuando yo paso por Coconut Grove de noches oscuras pienso en muchas cosas que me impresionan y en otras que no tienen sentido, cuando veo que lo que los vecinos, la policía y la empresa de la electricidad y la gente mala y los ladrones confían en esa oscuridad.

Pero para dar fin a mi pensamiento, yo creo que la oscuridad y el fantasma que parece existir en Coconut Grove, hace feliz a mucha gente y por eso muchos millonarios han levantado allí su campamento al igual que los ladrones y la gente mala no se atreve a desafiar la oscuridad de sus calles, avenidas y casas.

En una ocasión, estando yo en una reunión de periodistas internacionales, le pregunte a un reportero ruso, ¿Qué quiere decir Moscú?, la capital de Rusia y me respondió: ciudad enclavada entre las brumas". Es decir, Entre la Oscuridad, así como se vive en Coconut Grove, al que debíamos llamar el Moscú de Miami. Parece todo esto un chiste, pero la realidad creo es más posible.

CUANDO LOS CUBANOS LLEGARON A MIAMI, HUYÉNDOLE AL FUSILAMIENTO, AL DESPOJO DE SU CASAS Y BIENES, CANSADOS DE LA MATANZA DE CUBANOS, POR EL VERDUGO CHE GUEVARA, MIAMI ERA UN PANTANO LLENO DE COCODRILOS. HOY ES LA TERCERA CIUDAD DE ESTADOS UNIDOS.

Yo recuerdo como si fuera hoy, cuando a pocos metros de la calle 36 estaban los Everglades y los cocodrilos, que en algunas ocasiones se metían en los patios de las casas, había que sacarlos a tiros o con los fusiles de la Policía.

Hoy Miami es la tercera ciudad de Estados Unidos y al final, por su ubicación geográfica, tendrán que mover de Washington la capital y situarla en Miami. Cuando lean esto me tacharan de loco, de periodista trastornado y de cualquier otra cosa. Pero entre Washington y Miami, hay una diferencia muy grande: Geográficamente Miami domina el Golfo de México, América Central y del Sur, es el camino más corto para llegar a Europa y la China esta mas lejos de Washington que de Miami.

Para llegar a Washington, de cualquier parte de América del Sur, Central y del Caribe, hay que volar muchas horas en avión y en muchos casos el dinero y el tiempo, no alcanzan para llegar al objetivo.

Hay mas vinculación entre Miami y Europa, que entre Europa y Washington Miami, una ciudad abierta al mar y rodeada de golfos, países e Islas, tiene, en mi criterio, más oportunidades para el viajero, el comerciante y el político que Washington. Me dirán loco, pero yo sé lo que estoy diciendo.

Y este Miami grandioso, a donde, de todas partes del mundo, llegan turistas, políticos, negociantes, artistas y millonarios a poner negocios, está por encima de Washington, ciudad escondida en un estado lejos de todos los países, donde único se puede llegar es en avión. Y este Miami de ahora, rico, poderoso, vinculado a todo el mundo y con negocios importantes que llegan a diario de los países más alejados de sus costas, lo fundaron los cubanos exiliados, descendientes de aquel conquistador Pedro Menéndez de Avilés que pobló la Florida trayendo familias de Asturias, en España, para vivir y fundar pueblos y ciudades.

¿Qué era Miami entre 1940 y 1950? Un pantano con casas y alumbrado público, donde los cocodrilos eran su mayor población, ubicada y rodeada por todos sus lugares, por tierra del pantano más grande de América. Hoy ha cambiado mucho y es la tercera ciudad de Estados Unidos donde el idioma español, aventaja al idioma inglés, el oficial de esta ciudad.

Nadie puede quitarle a los cubanos, que llegaron, su mayoría muertos de hambre, despojados de sus bienes, de sus casas y de su país, que son el principal factor del engrandecimiento de Miami, hasta convertirla en la tercera ciudad de Estados Unidos.

Yo vivo en Miami desde hace unos cuantos años, llegue en Noviembre de 1959, cuando salí de Cuba, despojado de mis bienes: una finca de 180 acres en la Carretera de Bibijagua, en Isla de Pinos, y la primera casa que se hizo en Barlovento, una urbanización junto al mar, que ahora la disfruta un coronel de la milicia asesina de Fidel Castro. Además, una casa de concreto, en la finca de Isla de Pinos. Ninguna de estas propiedades se la robe a nadie, las logre trabajando muy duro.

¿por qué el Presidente Obama, en este maridaje con el tirano de Cuba, no pone como condición que le devuelvan a los cubanos exiliados, las propiedades que la tiranía castrista les robo en Cuba? Porque estoy seguro que esa demanda provocaría el divorcio entre Raúl y Obama.

Y el cubano sin patria, robado, botado de su país, podría sufrir un trato distinto al que ha tenido viviendo en tierra ajena.

Imagínense lo que era Miami en 1959, que yo compre una casa en Miami Spring, por 12 mil dólares, di 500 de entrada y la pague a 75 dólares mensuales hasta el último centavo que debía. Además, por seis mil dólares usted podía comprar una casa en Miami, pagada por esa cantidad en el valor de esa época.

DEL PRIMERO DE LOS NEGROS
AL PRIMERO DE LOS BLANCOS
(EL POR QUÉ DEL TÍTULO DE ESTE LIBRO)

Durante la ocupación de la Isla la Española, (Haití y Santo Domingo) los haitianos se lanzaron a buscar la Independencia de la mitad de la Isla que estaba en poder de Francia la invasión de los insurrectos haitianos, alcanzo a la parte Española en algunas zonas donde Haití reclamaba como su frontera entre los dos territorios. Uno de los que llevaba la jefatura de los revoltosos haitianos, lo era Toussain Louverture.

Al paso de Louverture no quedaba ni un árbol sobre la tierra. Las Iglesias fueron destruidas y saqueadas y los curas asesinados en forma brutal Muchas familias notables de Santo Domingo fueron asesinadas en sus propias casas, sus hijas violadas por los soldados haitianos, y muchos colgados de los arboles como si fueran cocos.

Por aquellos tiempos Napoleón Bonaparte tenía a Europa bajo el fuego de sus cañones. Hubo una famosa batalla, creo que Waterloo, donde Napoleón derroto a las tropas inglesas y francesas y se consagro como uno de Los grandes guerreros de la Historia. No estoy seguro si la batalla fue la de Waterloo o fue otra de las batallas que gano Napoleón.

Napoleón Bonaparte estaba en la cima de su carrera militar y su nombre llegaba hasta los más lejanos confines del Planeta. Fue en esa época cuando Toussain Louverture, que también se proclamo Emperador de Haití, le escribió una carta de felicitación a Napoleón, por su victoria, que estaba encabezada de la siguiente forma: Del primero de los negros, al primero de los blancos.

El título de la carta era risible, por cuanto Napoleón se quemo los ojos estudiando su carrera militar y Louverture lo hizo asaltando Iglesias, matando infelices familias y regando de sangre inocente la mitad de la Isla la Española.

Y para adornar su título de Emperador y ponerse al nivel de Napoleón Bonaparte, Louverture hizo traer a Haití a Ingenieros franceses, que le construyeron el Palacio de San Souci, al pie de la alta montana, donde después, un Rey de Haití, Christopher, construyo en su cumbre la Citadel, un Castillo a cuatro mil pies de altura, que podía resistir el asedio de un ejército por un año completo.

Ese Castillo, una de las obras de ingeniería que pudiera ser ejemplo para los ingenieros de ahora, permanece como uno de los atractivos turísticos de Haití, Fortaleza a la que yo subí a lomo de mulo, en la experiencia más amarga de mi vida, porque veía al mulo poner el casco de su herradura, al borde de un abismo de tres o cuatro mil pies de profundidad y mis nervios se descontrolaban.

En Haití hubieron reyes, emperadores y guerreros de todo tipo, su historia se resume a inundar esa parte de la isla, con ríos de sangre Todos sus reyes y emperadores, quisieron hacer de aquella parte de la Isla la Española, un pedazo de la Francia Imperial.

Por su parte, el Emperador Louverture, celebraba suntuosas fiestas, en su Palacio de San Souci, donde todas las damas iban vestidas de largo, con bonitos sombreros, y las mesas estaban adornadas de flores y el emperador, con una rubia francesa, a su lado, vestida toda de blanco le daba la mano, al Conde de la Mermelada, al Márquez de la Limonada, a la condesa de Puerto Príncipe o a las señoras de la Monarquía. Todo era, a nivel de un reino.

Las veces que yo iba a Haití, (fueron muchas, seis veces en el primer año de mi primer viaje) me extasiaba estar parado en uno de los salones del Palacio de Saint Souci y pensando de como seria aquella monarquía Africana-Europea y con aquellos personajes como el Emperador Louverture o el Rey Christopher. Miraba a sus grandes salones y veía, en mi imaginación, el Emperador Louverture, con su vestido de Emperador, (copiado del traje imperial de Bonaparte,) en sus salones acompañado de bellas mujeres francesas que eran contratadas en París para adornar las ceremonias imperiales de los reyes y emperadores haitianos…

La primera vez fui invitado por el Embajador en Cuba, Monclair Shepheryn y más tarde por sus presidentes Dumarse Estime y Paul Magloire, con los cuales hice Amistad a través del Embajador en Cuba Monclair Sepheryn. No hubo un Rincón histórico de Haití, donde yo no haya llegado. Incluso estuve en la parte Sur del Río Artibonite, donde Tousssain Louverture enterró todo su Tesoro, en oro, prendas, y cosas históricas. El episodio de ese entierro me lo relato el hijo del cuidador de la casa de la finca, que Escondido detrás de la maleza, pudo ver una arboleda, donde el Emperador Toussain, con unos braceros españoles(dominicanos), así le decían a los que Vivían en Santo Domingo, abría un profundo hueco y echaba allí todo lo que había robado en las casas y las Iglesias de la Isla. Después de echado en el hueco todo el Tesoro, el Emperador dio la orden de matar a todos los que llevaban los mulos y echar sus cadáveres dentro del gran hueco. Así no quedaba ningún testigo fuera de la tropa del Emperador.

Haití es un país de colorido y muy interesante, si nos interesa la historia de América y de esa Isla, donde no solo hubieron emperadores, Reyes y donde fabricaban zombis (muertos vivos) para que trabajaran en sus fincas de sol a sol, sin parar ni un solo momento, el Papa Los, sacerdotes los fabricaban en el rito del Vudú.

Con el correr del tiempo y la llegada de nuevos mandatarios a Haití, se decreto la pena de muerte para el que fabricara un zombi (muerto vivo en un Vudú)y eso puso fin a esa práctica tan criminal.

A mí me llevaron a ver un Vudú legitimo, sin hacer el muerto vivo por supuesto y vi actuar al que hacia el papel de Papa Boucu y al papa Loa, el sacerdote fabricante del Muerto Vivo

Una cosa muy interesante que muchos millones de personas no han visto y que es uno de los grandes misterios que trajeron a América los negros del Senegal

Francés en África, que era el único lugar donde sabían hacer el Muerto Vivo y los sacerdotes que los hacían ... Algunos de esos sacerdotes fueron llevados a Haití pero el rito del Vudú finalice cuando un Presidente decreto le pena de muerte para los que lo hicieran, es decir fabricar el Muerto Vivo.

Haití es un país interesante, donde podemos aprender cosas como esta que titula este Nuevo libro que escribo, para que muchos millones de personas, que hablan y leen en el idioma español, no se queden sin saber este misterio del Vudú y el Muerto Vivo, que lo hicieron en una película, pero que en las misma no explicaron de donde salió el rito del Muerto Vivo, o Zombi y quiénes los hacían, en qué parte del África y quiénes lo trajeron a América.

HISTORIA DE LA ITÁLICA, UNA CIUDAD DE ESPAÑA, EN GALICIA, DONDE NACIERON TRES EMPERADORES ROMANOS.

Los más grandes poetas de Roma y cuyo último gobernador lo fue Poncio Pilatos el que colgó en la cruz a Jesucristo. Los emperadores Trajano, Augusto Adriano y Marco Aurelio, nacieron en el municipio romano en la Coruña, y también nacieron allí Marcial y Lucano, los dos grandes poetas de Roma y para ponerle la tapa al pomo, también nació allí el preceptor del emperador Nerón.

En ese histórico municipio todavía se conserva el puente y el acueducto romano. Y a menos de media milla, dentro del territorio de la itálica, surgió la aldea "Viana do bolo", lugar donde nació la madre del autor de este libro. Y luego dicen, que los gallegos son brutos. (Breve historia sobre este municipio romano).

En la carretera que va a la Coruña, a menos de cincuenta millas de Madrid, a la derecha de la vía esta la Ciudad Romana de la Itálica, donde todavía usted puede pasar el Puente Romano y tomar las aguas de su acueducto. Allí han restaurado la Casa de Trajano y la de Augusto, cuyos pisos de lozas, de bellos colores, todavía se conservan.

La provincia de la Coruña muestra orgullo por tener allí los restos de La Itálica, cuyas murallas, casas y castillos están siendo restaurados y sacados, en algunas ocasiones, de muchos metros debajo de la tierra.

Sin lugar a dudas, en la Historia de España, los Gallegos tienen una presencia histórica que le da un gran orgullo. Basta señalar el nacimiento de los tres mas grandes emperadores, sus poetas y el hecho que Poncio Pilatos, el que crucificó a Cristo fue su último gobernador.

No hay un metro del territorio de la Itálica que no tenga historia. Los restauradores de esa ciudad romana, han podido mostrar al mundo parte de las lujosas mansiones de sus emperadores, sus murallas, sus aguas el acueducto, que sus aguas bajaban por el río Guadalquivir, a mucha distancia de allí, a una pulgada menos por cada milla de recorrido desde las fuentes del río.

La provincia de Andalucía, está a menos de sesenta kilómetros de esa histórica ciudad romana. Esa zona desde Madrid hasta la Coruña, que pueden ampliar los turistas visitando Andalucía, cuya frontera está cerca, es una de las maravillas del viejo mundo que podemos apreciar y disfrutar en un pequeño recorrido turístico.

Cuando uno camina por la casa donde vivía Trajano, las lozas de distintos colores en el piso lo impresionan y lo trasladan a la Roma Imperial que dominaba el mundo. No es fácil decir la impresión que nos da el estar pisando las lozas que pisaron Trajano y su familia, sin que el corazón cambie su latido.

Yo que he leído la historia de Roma y de sus emperadores, los nervios me llevan sin quererlo a dos o tres mil años atrás. No me explico porque ese turismo que genera tanto dinero, no ha tenido en cuenta llevar allí a los turistas que saben poco de la Antigua Roma y sus emperadores, para hacer lo que hice, sin quererlo, poner a mi cerebro miles de años y caminar por las calles que caminaron varios emperadores y pisar el suelo de sus casas.

Ruinas del Teatro Romano de Itálica en rehabilitación. España

DOS HOMBRES DECIDEN LA VIDA Y EL FUTURO DE 15 MILLONES DE SERES HUMANOS.

Parece increíble, algo de ciencia ficción, pero es tan real como que estamos viviendo en el planeta tierra. El tema es como para pensar en una película de misterio, algo de ciencia ficción, pero no es así y esos dos hombres que deciden el futuro de millones de personas, son hombres de carne y hueso y tienen el poder para hacerlo. Ellos, por sus ideas equivocadas, por su ambición o vaya a ver porque motivo, tienen en sus manos el destino de 12 millones de mujeres, hombres y niños.

No es humano, ni legal, ni lo haría el mas asesino de los hombres en la Tierra, porque Dios hay uno solo y estamos seguros que no lo haría.

Solo Dios podría disponer de la vida y la muerte de millones de personas, y esos dos que pretenden irse por encima de Dios, recibirán el castigo adecuado que El Señor tiene en sus manos para castigar esta osadía.

Los nombres de esas personas: Obama, musulmán y en representación de los millones de negros que hay en el mundo que estoy seguro que no lo harían y Raúl Castro una representación del crimen y el odio que lleva 50 años sacándole la sangre a esos millones que viven en una Isla, que es la cárcel más grande del mundo.

A ellos dos, no les importa el futuro de estos millones de seres, ni las familias cuyo padre, hermano o hijo murió en el paredón de fusilamiento, ni el robo que le hicieron a las familias cubanas, quitándoles todos sus bienes y que se tuvieron que ir a otras tierras en busca de Dios, porque en Cuba algunos seres humanos se fueron por encima de Dios y castigaron a un pueblo que estaba bendecido por "EL SEÑOR"

Las dos bestias humanas: Raúl Castro y Barack Obama, irán al Infierno, donde Fidel Castro los recibirá, con sus brazos abiertos Y Dios el Gran Rey del Universo se encargara de llamar al Diablo, que los llevara de las manos a un Infierno que les espera

Cuba no mereció tortura, hambre y muerte, que llevaron allí un grupo de bandidos y asesinos, ni tampoco el largo cautiverio de más de medio siglo. Eso tendrá el castigo Divino, para todos los que llevaron al martirio al pueblo de Cuba.

Y los responsables de este cautiverio y muerte de miles de cubanos, cuando les llegue su destino final, tendrán que disfrutar de las llamas del Infierno y el coro de Diablos que disfrutara viéndoles pedir perdón por sus andanzas criminales.

Y entonces, cuando la justicia Divina haya tomado cuentas de estos asesinos, las victimas se reirán desde el Cielo viéndoles pagar sus grandes pecados y aquí paz y en el Cielo Gloria.

La Isla de Cuba es el mayor cementerio del mundo, los Fidel y Raúl y su grupo de asesinos pagaran sus culpas aquí en la Tierra y en el Infierno que le tienen prometido. Allí, en ese Infierno que será su destino final, los recibirán con los brazos abiertos los cientos de miles que ellos enviaron a sus tumbas.

Barack Obama y Raúl Castro se encuentran en
la Cumbre de las Américas.

EL PACTO OBAMA-CASTRO HACE VOMITAR AL MUNDO.

Y de la libertad, los derechos humanos, los que tuvieron que salir de cuba, despojados de todos sus bienes, ¿qué? ¿y quién va a revivir los miles de fusilados?

Para el presidente Obama, es una anotación en su carrera política, como pudiera ser en un jugador de beisbol que batea cinco *home run* en un juego.

Pero para las familias de los miles de fusilados, los que perdieron todos sus recursos, ganados en largos tiempos de trabajo, los que han sufrido esa tiranía de ladrones y asesinos, ese pacto es una desvergüenza, que llenará de lodo el gobierno Norteamericano por muchos tiempo y Obama llevará, para toda su vida, en su mente una historia que nunca estuvo en los récords de una nación moderna.

Esa actuación de Obama, le da a Fidel Castro o su hermano Raúl, o a sus hijos la oportunidad de seguir en Cuba por otros veinte años de tiranía, robos y crímenes ante los ojos del mundo.

Ustedes han visto, o conocen de algún caso igual al de Cuba. Donde una pandilla de pistoleros tomaron el gobierno y despojaron a la población de sus casas, sus automóviles, sus ahorros en el banco y todos sus derechos como ciudadanos de una nación. Eso no ha ocurrido en ninguna parte del planeta, ni tan siquiera en las selvas del África, donde todavía no ha llegado la civilización. Eso ha ocurrido en Cuba, durante más de cincuenta años, al cabo de los cuales, el Presidente Obama y los políticos de su partido le han dado cincuenta años mas de vida, para que sigan la peor tiranía que ha visto el mundo en toda su historia.

Y es bueno señalar que el Mundo ha estado, pasivo, como lo está una persona en un cine, viendo una película de horror y crímenes. El resto de esas naciones, en primer Lugar Estados Unidos, son culpable de esas tragedia o la que puede ocurrir en el futuro de Cuba.

El dinero, las riquezas, el control de los países y su economía, la discriminación, la avaricia, comer y no pensar en los que no pueden comer, no porque no tengan bocas, sino porque no tienen comida. Todo eso lleva a hacer un mundo diferente entre los pobladores: Los que tienen y los que no tienen. Los primeros no tienen preocupación.

Así lo vemos, y así puede suceder, Guarden este libro para que sus hijos lean lo que ocurrió en Cuba ante la indiferencia del resto de las naciones de un mundo, llamado civilizado.

Cuba era uno de los países más adelantados de América, no solo por sus pobladores, sino también por su historia y la forma en que guardo y aumento los adelantos que les dejo España al terminar su mandato en la Isla, sino por sus habitantes, laboriosos, inteligentes, que lograron hacer de la Isla uno de los países más adelantados de América. Eso me lo dijo el Presidente Kennedy en una visita periodística que puede hacerle en Washington y parte de ella fue publicada en la Revista Carteles de La Habana donde yo trabaje durante muchos años.

El presidente Norteamericano me dijo: "Mire Sr. Llano Montes, Cuba es uno de los países más adelantados de América y puedo decirle, sin lugar a equivocarme, que Cuba está por encima de diez Estados de Estados de Estados Unidos, en automóviles, en escuelas, universidades y en muchos otros aspectos de la vida moderna.

Yo le di las gracias al Presidente Kennedy, simbólicamente a nombre del pueblo de Cuba y a mi propio nombre. Eso me lleno de satisfacción escucharlo de un Presidente de Estados Unidos, de la trayectoria política de Kennedy.

Y lo que ha hecho ahora otro Presidente, Barack Obama, prolongar por otros cincuenta años el dolor de Cuba y las miserias de su pueblo, es algo como para ponerle la tapa al pomo, como dice el popular refrán cubano, cuando quiere señalar el tamaño de algo horrible entre los seres humanos.

Este pacto, entre Obama y Raúl Castro, el tirano heredero de su hermano Fidel Castro, de todos los crímenes, robos y tiranía, es una vergüenza que llevara en su historia Estados Unidos, por los años de los años. Ese acto de Obama le da a la pandilla de Castro, otros cincuenta años para expoliar a Cuba y matar en el paredón a los que se opongan.

Es posible que haya una reacción, pero lo dudo. Los grandes países se mueven bajo un gobierno mundial, que son los que manejan el dinero, la economía y los países de este planeta. Que sepamos ellos no son suicidas para ir contra lo que controlan y los convierte en los amos de este planeta.

EDUARDO AROCENA EN UNA PRISIÓN DE ESTADOS UNIDOS DESDE HACE 27 AÑOS, SIN PODER VER A SU HIJO A SU ESPOSA, SOLO VIENDO LAS REJAS DE LA PRISIÓN. ¿POR QUÉ ESA RIGUROSA PRISIÓN? ¿SERÁ POR LO QUE SABÍA, NO POR LO QUE HIZO?

Lo de Eduardo Arocena es un misterio, que me recuerda la película "Los Misterios del Barrio Chino", que vi cuando era un niño.

Dicen que está preso por terrorista, pero no dicen los edificios que derribo con sus bombas ni cuantos mato. Dicen muchas cosas por la larga prisión de Eduardo Arocena, pero ninguna es creíble, ni para alguien de cuarto grado de estudios en las Escuela Primaria.

El periodista Juventino Verdugo, hijo del famoso periodista que se cubrió de Gloria en Santo Domingo cuando la revolución comunista que puso a Juan Bosch en el poder, me dijo en uno de sus viajes de California a París, cuando toca en Miami y siempre me llama, que Arocena jamás saldrá de la prisión, porque fue el emisario de un presidente de Estados Unidos, en algo relacionado con la droga

Yo, por mi parte no lo creo, un presidente de Estados Unidos tiene a sus órdenes a cientos de personas de su confianza para hacer cualquier arreglo fuera del gobierno, en asuntos de paz o Guerra o alguna decisión importante.

No creo lo que me dijo Juventino Verdugo, hijo del conocido periodista Hipólito Verdugo, que dicho sea de paso, hace más de diez años que no tengo comunicación con él. Antes vivía en Santa Fe, California, pero alguien me dijo que estaba trabajando para el gobierno Africano de Tanganica, pero también me dicen que tiene en la Isla de Trinidad Tobago, una tienda de turismo.

De todos modos, aun cuando sean verdad estas versiones, la comparación con 25 años de cárcel, separado de su familia, no poder ver a su esposa ni al hijo que nació, varios meses después de estar encarcelado, no resiste ni el análisis.

Y muchos más cuando vemos a ladrones del Medicare convertidos en honorables ciudadanos, a políticos ladrones con bóvedas en bancos repletas de millones de dólares y muchos nuevos ricos cuyo oficio fue lavar el dinero a los narco-traficantes, convertirse en respetables ciudadanos de este Condado Dade, sin que los cuerpos de seguridad los rocen ni con el pétalo de una rosa.

So comparamos cosas así, con la realidad, es cuando se puede ver bien claro, el fantasma de los ladrones de la política, los enriquecidos con el trafico de drogas o el lavado de dinero y que algunos respetables bancos les cuidan el dinero a muchos ciudadanos y que son una lavandería del dinero de la droga.

Cuando se compara todo esto con el presidio de Eduardo Arocena, nos parece estar viendo los muñequitos de colores que se asoman a las pantallas de la televisión y para muchos del sistema judicial de este país como una vergüenza para los que cuidan las leyes y la sociedad.

Dice un Viejo refrán popular que al lechero no lo condenaron por echarle agua a la leche, sino porque sabía demasiado. Y ese parece ser el caso de Eduardo Arocena, que es un caso para poner a meditar, seriamente, a los encargados de la ley en todo este planeta tierra.

Por mi parte, yo digo, como en cierta ocasión dijo el Presidente de México, Echavarría," a mí ni me perjudica, ni me beneficia, todo lo contrario"". Busquen el lápiz, sáquenle punta y traten de descifrar estas palabras del Presidente de México Echavarría.

Y ese es el caso, más o menos de Eduardo Arocena.

Arocena cuando fue encarcelado y ahora en prisión.

EL CAMINO DE LA MUERTE

En la ciudad de Miami, existe un camino que conduce a los delitos más penados en una ciudad. Es un camino largo, corre varias millas por una de las más importantes calle de Miami: Coral Way.

Al final de Coral Way, esta una parte de los Everglades, quizá la más solitaria y escondida de toda la ciudad, donde existe un pozo natural, rodeado de una tupida vegetación, tan profundo, que nadie puede adivinar las sorpresas que nos esperan. Es un pozo natural, como otros que deben existir en ese gran pantano de cientos de millas que bordea la parte Norte de la Ciudad de Miami. Hasta ahora se desconoce su profundidad, pero en una ocasión, autoridades de la Ciudad, sacaron, con grúas, mas de 30 automóviles de sus profundidades. Entre esos automóviles habían cadáveres, cuya descomposición no podía saber si eran hombres o mujeres, ni el color de su piel.

Ese profundo pozo, que muy pocas personas conocen, es el lugar ideal para esconder grandes delitos como son los robos de automóviles, los que quieren justificar el robo de su carro y cobrar el seguro o los que quieren esconder un crimen o desaparecer un muerto.

Varios cadáveres de hombres y mujeres, que estaban dentro de los automóviles o dentro del fango, no pudieron ser identificados, porque sus carnes y ropas no podían dar ninguna identificación.

Después de saber estos detalles, un día, acompañado de un amigo, entre en el camino que conduce al pozo, a una distancia de casi una milla de la carretera y encontré el misterioso pozo. Antes de llegar a su cercanía, me cerciore que nadie estaba escondido en la maleza ni en los bosques y me arrime al borde del pozo, siempre mirando para atrás y para los lados. Me rodeaba, tan solo, la tupida vegetación y lo impresionante de sus alrededores, con altos bosques y pantanos. Si alguna cosa produce terror, es ese profundo pozo, cuando usted sabe el misterio que hay a su alrededor.

Hay señales para indicar en la parte de la carretera donde está el pozo, pero esas señales solo pueden ser identificadas por los que conocen el sitio donde está ubicado, casi siempre los autores de delitos, o la policía o este periodista, que ha llegado a su borde casi temblando de miedo, pensando en las películas que cuando niño, no me dejaban dormir por el miedo a los personajes que presentaban, Frankestein, El Conde Drácula, los Zombis, o cosas de terror. Pero el lugar es impresionante, no solo por sus asolados alrededores y el rumor del viento al chocar con la maleza y más que todo, lo impresionante del lugar.

Las señales para saber cómo se llega al lugar, creo que la ignoran muchas personas y hay cientos de miles que desconocen este misterio que estoy revelando, Uno de ellos es una calavera pintada a un lado escondido del tronco de una palma. Hay otras señales en las piedras y colgados de la maleza que está cerca del pozo. Cuando algún curioso se mete por el camino que lo lleva hasta el misterioso pozo, desconociendo la historia de terror que rodea el lugar, se está jugando la vida sin saberlo, porque si en ese momento puede estorbar a alguien que está escondiendo su crimen o su robo, lo echan de comida a los cientos de cocodrilos que habitan en los alrededores.

A mí, que no me asustan los muertos ni los vivos, yo me atrevo a ir a ese lugar, que he visitado muchas veces por curiosidad y porque soy una de las pocas personas que saben su misteriosa existencia.

El peligro que rodea al lugar no son los cocodrilos, ni las serpientes venenosas, es el de toparse con alguien que vaya a depositar en el lago, una persona que mato o un robo que hizo de un automóvil u otra fechoría y tener que exponer su vida

Esta misterioso lago dentro de los Everglades y lugar de fechorías y crímenes podría servir de argumento para una película de terror, y revelaría a la vez un centro de corrupción en los alrededores de una gran ciudad de Estados Unidos como es Miami.

Pero ahí no terminan los misterios de Miami, ni los de Bimini, ni los del aeropuerto fantasma, hay otros al que yo he bautizado como " el cementerio sin flores y sin visitas, donde están enterrados niños, mujeres, hombres y mujeres, jóvenes y adultas, donde no se ve una flor y muchos menos una persona rezando a sus muertos. Ese cementerio, donde por cada muerto hay una columna en forma de obelisco, esta siempre solitario, solo con la compañía del sol y la noche, el viento y la lluvia.

Vamos hacer un breve relato, para que los lectores sepan cómo es la historia de este cementerio, sin cruces y sin flores donde están los restos de mujeres, niños y hombres.

Todo alrededor son bosques, matas que se mueven hondos pantanos llenos de cocodrilos, curiosos que se arriman a ver los cocodrilos y las jicoteas, pero cuando pasó cerca siento en mi cuerpo un escalofrío, porque conozco ese lugar que he recorrido muchas veces.

Detrás de esa zona hay cientos de millas de pantanos y miles de cocodrilos y no resulta fácil cuando uno conoce el lugar y mucho peor para el que no lo conoce. Allí se puede perder la vida en un momento, al chocar dentro de la maleza con algún cocodrilo y con los cocodrilos de dos patas, para quienes el lugar es el paraíso del crimen, del robo y de automóviles o estafas a las compañías de seguros.

Hace alrededor de 15 años, cuando conocí el lugar, uno que conocía la zona me dijo, que un grupo de ladrones de automóviles, se fueron a esconder allí cuando cometieron uno de sus delitos y dos de ellos se los comieron los cocodrilos cuando se quedaron a dormir debajo de unos árboles, creyendo que allí no los descubría nadie. Pero lo cocodrilos los descubrieron y solo algunos huesos quedaron regados por el lugar.

Si usted es curioso y quiere entrar en esa zona, yo le digo como puede hacerlo. Usted viaja por la Avenida Coral Way y llega a su final, por donde no puede seguí porque todo es maleza, bosques y pantanos. Al caminar una cuadra, mas menos, a su izquierda hay varias palmas en un pequeño camino de tierra. Detrás de una palma, hay una calavera que mira hacia donde usted deba ir. Esa es la entrada, pero en lo adelante puede quedarse metido en un hondo pantano de fango y si usted usa su inteligencia, sigue a pie que es más seguro, pero no puede ir solo porque un fallo, lo puede dejar el resto de su vida en el vientre de un cocodrilo o ahogado dentro de una zona pantanosa donde no puede caminar, ni nadar, solo puede hundirse lentamente y si algún acompañante viene a ayudarle, se quedan los tres.

Algunos ladrones o criminales, que tienen ese lugar como escondrijo de sus fechorías, han sido víctimas, por alguna equivocación, cuando trataron de esconderse de alguien que los perseguía y cayeron dentro del auto en un hondo pantano y donde, hasta ahora, no han podido salir.

Este periodista, que conoce el lugar y donde están los peligros, cuando voy acompañado de algún curioso y entro con mi carro nada más que una cuadra, hasta donde yo sé que no hay peligro, no avanzo ni una pulgada mas, aunque me lo pida el más sabio de todos los sabios.

Ese es el Camino de la Muerte, como yo lo he bautizado, que siempre espera que entre algún equivocado y sea devorado por los cocodrilos o en el fondo de un pantano sin fondo.

El final de la avenida Coral Way en los Ever Glades. La primera señal para entrar en el misterioso pozo de la muerte. Más adelante hay otra señal, una carabela, y después un trillo por donde puede pasar caminando y a media milla de allí, después de grandes piedras en el suelo, está el misterioso pozo, que se dice tiene una profundidad de más de trescientos pies.

EL CEREBRO HUMANO ES LA MEJOR COMPUTADORA INVENTADA: LA INVENTO DIOS.

El cerebro humano es capaz de darnos información hasta de tres generaciones atrás. ¿Por qué? Esa pregunta se la pueden hacer al mejor médico que hace la regresión, que estaba hace muchos años en un hospital de Texas. Es posible que haya muerto, pero no he sabido más de él.

Cuando yo vivía en Venezuela, un día fui a visitar a un amigo muy poderoso, recibía millones de un negocio que tenía en petróleo y ese día, estaba en su casa el más importante médico que se dedicaba a hacer la regresión, cuyo nombre no recuerdo han pasado muchos años.

El médico le estaba haciendo la regresión, que le costaba nada menos que diez mil dólares, en una de las grandes salas que tenía la casa. Cuando yo llegue, comenzaban a hacerlo y yo me fui para la sala con el resto de la familia.

Yo no sabía nada acerca de la regresión y cuando me contaron, moví las cejas, como dudando de lo que escuchaba. La familia se dio de cuenta y me dijo: "parece mentira que un periodista como usted, no sepa nada de esta ciencia que es la regresión". Yo le dije, medio abochornado, que yo no era médico, que me tenían que perdonar.

Cuando terminaron, parece, que le contaron algo de mi duda al médico y este me dijo "parece que usted duda de lo que estoy haciendo". Y le respondí, "Doctor yo no sé nada de eso, como usted a lo mejor, no entiende nada de periodismo".

Me respondió, diciéndome: "Yo puedo enseñarle algo" y se paró y me dijo venga conmigo y delante de todos me dijo: "acuéstese en esta mesa y me puso una almohada detrás de mí cabeza. Y comenzó a decirme algo que no entendía. En pocos minutos me quede aletargado y solo escuchaba el murmullo de los que estaban en la sala. Me hizo preguntas de todo tipo sobre mi vida y yo respondía las que podía responder. Me quede aletargado y varios minutos después, sentí que el médico decía: "No puedo seguir, no entiendo el idioma que me está respondiendo a mis preguntas. Todo se quedo así, hasta que el médico le dijo, que no entendía el idioma en que él respondía mis preguntas".

Al poco rato yo me fui de la casa, pero se me quedo clavado en mi cabeza lo del idioma que yo hablaba durante las preguntas del médico.

Pasado un tiempo, di un viaje por Europa y me intereso ir a Inglaterra para visitar dos regiones que fueron fundadas por los Celtas, que también vivieron en Galicia, España y allí fundaron pueblos y llevaron su civilización.

Visite a Escocia e Irlanda y en una ocasión entre en un bar, donde también servían comida y me llamo la atención que hablaban un idioma que no era ni el inglés ni el español. Pregunte que porque no hablaban en inglés y me dijeron que esa era la lengua de los primeros pobladores de esas tierras. Y me di cuenta de también los celtas habían poblado Galicia, el pueblo donde nació mi mama en España.

Mi mama, Blandina Montes Iglesias, nació el municipio romano de la Itálica, que fue fundado por Escipión "El Africano" que así era como lo llamaban. Allí, en "La Itálica" nacieron los emperadores Trajano, Adriano y Marco Aurelio, y los grandes poetas de Roma marcial y lucano, así como y el preceptor del emperador Nerón, el gran filosofo, Séneca y el ultimo de los gobernadores de "La Itálica", lo fue Poncio Pilatos, el que crucificó a Cristo en Jerusalén, Verdad que es de pueblito de España tiene una gran historia.

Yo recuerdo que cuando yo era un niño y mi mamá me hablaba de la aldea donde vivía en Galicia, yo le pregunte un día ¿Mamá y como ustedes traían el agua a la casa en la Aldea? Una vez ella me respondió: "yo llevaba en mis manos, dos cubos y cruzaba el Puente Romano y los llenaba, en el Acueducto". "Yo creo que mi mamá se está volviendo loca. Eso del Puente Romano, de llenar los cubos de agua en el Acueducto, me lo hizo pensar.

Un día que visite España, alquile un carro y me lance a buscar la Aldea, donde nació mi mamá y después de averiguar, donde estaba la Aldea "Viana Do Bolo", como se llamaba el lugar, me dirigí allí.

Allí todavía está el municipio romano "La Itálica" a pocos metros de la Aldea donde nació mi mamá, una aldea pequeña llamada Viana Do Bolo. Era verdad lo que decía mi mamá y pude comprobarlo visitando la aldea donde ella nació. Existe todavía el Puente Romano, existe, el acueducto y las casas de los emperadores.

La Itálica es uno de los lugares más históricos de España y yo lo he disfrutado varias veces. Cada vez que voy a España lo hago.

EL CONCURSO DE MISS UNIVERSO
EN EL DORAL.

Nunca se me hubiese ocurrido pensar, que ese universal concurso se hubiese hecho en una aldea y digo aldea porque la comparación de El Doral, con el resto de las ciudades de Estados Unidos, es casi como comparar una hormiga con un elefante. Yo se que ese esfuerzo produce ganancias, una alta propaganda y la mirada de millones de personas en todo el planeta. Sirve además, para escoger a la mujer más linda del mundo, como para mirar con respeto a los que hicieron posible ese evento de carácter mundial.

Ese evento de "Miss Universo, no es un concurso firme para enseñarnos la mujer más linda del Mundo, porque hay mujeres lindas en todos los rincones de este planeta, que no salen a figurar en el concurso por razones obvias.

Es un evento importante para entretener a millones de personas frente a la televisión y para vender muchos periódicos al día siguiente y lo que es más importante, lograr que los grandes negocios de todo tipo, estén presentes, con sus anuncios, al igual que millones de personas frente a las pantallas de la televisión.

Yo fui jurado de tres concursos de Miss Universo, cuando su presentación se hizo en el Hotel Fontainebleau en la Playa de Miami Beach, donde fue celebrado tres años seguidos y con la participación de muchos artistas famosos y con la dirección de los propietarios de ese Hotel, entre los que los que estaba Frank. Sinatra.

Es un evento que cuesta mucho dinero y con el concurso de muchas personas importantes en negocios a nivel mundial y cuesta mucho dinero organizarlo, llevarlo a cabo y que llegue a la mayoría de los países importantes del Planeta. En Miami, hay ciudades mucho más grande y más recursos que "El Doral" y no se han aventurado a hacerlo. Un ejemplo, Hialeah, que es cuatro veces más grande que El Doral no se ha lanzado en esa aventura, que cuesta muchos dinero.

Pero El Doral, que está dominada por los venezolanos y tiene un alcalde Venezolano, se lanzo y pudo hacer el Concurso de Miss Universo. Si lo hizo la alcaldía con sus recursos, no dudamos que en estos momentos este quebrada su economía. Si lo hizo con el recurso de otras personas o instituciones o gobiernos, detrás de ellas tiene que haber mucho dinero o un muy abrigado esfuerzo por darle relevancia al que logro el milagro.

Entonces el secreto está ¿en quién dio el dinero para llevar a cabo ese Concurso de Miss Universo que cuesta una millonada? Si no podemos saberlo entonces Mr. Luigi el alcalde de El Doral, hay que darle el título de "mago".

Esta observación no conlleva ningún ataque de tipo político, ni personal, es que hay muchas personas que saben lo que cuesta ese Concurso de Miss Universo y que están pensando poner al Alcalde de esa Aldea, como el financiero más importante del Mundo.

Concursos de Miss Universo, donde el autor de este libro
Antonio Llano Montes, fue miembro del jurado y en los tres
años que lo presentaron en Miami Beach, se eligieron como
Miss Universo a Miss Estados Unidos, Miss Venezuela
y Miss Israel que aparecen en estas fotos, junto al autor
de este libro. Los concursos fueron celebrados en el más
importante Hotel de Miami Beach en esos años

EL FINAL DE ESTA CIVILIZACIÓN ESTA A PUNTO DE LLEGAR.

No decimos esto por ese aerolito que viene disparado del espacio, para terminar su violenta carrera chocando con Europa y si cae en medio del Mar Atlántico, levantar una ola de 500 pies de altura, que arrasara con grandes inundaciones a los países que rodean al mar Atlántico. Esto no lo digo yo, lo dicen los que saben sobre los impactos que dará el aerolito al chocar con el Planeta Tierra. Es más, se dice que puede sacar de su órbita a la Tierra y ponerla a viajar por el espacio o chocar con el Sol.

Nada bueno trae el aerolito que viaja hacia el planeta Tierra, a una velocidad nunca antes vista y que según afirman los sabios chocara con el Continente Europeo.

¿Saben ustedes cuantas veces puede haber sucedido esto en los miles de años, de siglos, de una historia que nadie sabe como comenzó, ni cuando va a terminar el sistema solar, al cual pertenece el Planeta Tierra?

Cualquier cosa puede pasar, que determine el final de este grupo de planetas que viven en el sistema Solar. Y eso, según los científicos está a punto de llegar. No es la culpa de nadie en particular, ni de ningún gobierno, ni de las dictaduras, ni de las democracias, ni nada parecido Es la culpa de un ciclo que lleva ocurriendo miles de millones de años, en que los planetas desaparecen, vienen otros nuevos y todos los planetas terminaran viajando por el espacio, estrellándose contra otros sistemas desconocidos y variando toda la vida y sistemas de los actuales planetas.

Ni los grandes científicos podrán tener una idea de cuando se cumple el ciclo de este planeta Tierra. Pero se percibe que ha llegado el momento, sin que nadie pueda asegurarlo, de que ocurra. No estamos solos en el espacio, la mente humana no ha podido llegar a los miles de millones de años que la Tierra existe. Y el que lo diga es un farsante o un equivocado de mente

Este Planeta Tierra puede vivir diez mil años más, o en breves años finalizar su vida y ser lanzado hacia el infinito por los años de los años.

El sistema solar, el de los planetas que tiene en órbita, puede terminar en cualquier semana del año.

Nadie sabe cómo surgió esta agrupación de planeta, ni nadie sabe cómo va a terminar, ni los propios sabios que hablan sobre el tema, lo pueden saber, esto algo que solo Dios sabe cuando comienza y cuando termina.

Millones de años han pasado y muchos sistemas como el nuestro han desaparecidos, sin que nadie pudiera impedirlo.

Y el sistema nuestro puede estar en la lista, después de millones de años en ese universo infinito al que pertenecemos, a desaparecer y eso nadie lo sabe, ni los sabios de los sabios tampoco, solo lo sabe Dios.

Puede ocurrir en veinte años, o puede ocurrir mañana, o puede pasar un siglo mas. Pero también puede ocurrir en cualquier momento.

EL GOBIERNO MUNDIAL Y SUS LÍDERES. UN GRUPO DE MILLONARIOS DE DISTINTOS PAÍSES, TIENEN EN SUS MANOS EL DESTINO DE ESTE PLANETA Y SUS HABITANTES. ¿QUIÉNES SON, COMO SE LLAMAN Y CUANTO DINERO TIENEN?

Mucha gente no cree en el gobierno mundial, casi siempre son los que no creen en nada. El gobierno mundial existe, no en una corporación, ni en sus cartas tienen ese título, ni se habla de eso Son el gobierno mundial, por su dinero, por la cantidad de dinero que acumulan, por el control que tienen sobre la industria mundial, por el comercio mundial, por los bancos que controlan y por la bolsa de valores que dirigen en favor de sus propios intereses. El que no tiene esto, ni forma parte de ese enclave, es tan solo un habitante de este planeta que no decide nada, ni pone los precios a la comida, a la industria, a los prestamos de los bancos, ni decide en la bolsa de valores mundiales.

Los que están al frente del gobierno mundial, que no existe, como dije antes, son las personas o corporaciones que tienen más dinero, que controlan a nivel mundial el petróleo, la venta del petróleo, el precio del petróleo, el precio de la comida, de la industria, la propiedad de las grandes industrias, el manejo de la bolsa de valores, el valor de la moneda y para definir con menos palabras, el dinero, los bancos, la bolsa, la industria y el precio a que tiene que pagar el público por subsistir. Esos que forman este conglomerado de dinero, de industrias y poder mundial, son los que deciden por los miles de millones que viven en este planeta.

Para pertenecer al gobierno mundial no hay que ir a una elección, ni recibir un certificado, ni ingresar en ningún grupo, solamente tener dinero a nivel de los que más tienen. Ellos son los que le ponen el precio a cuanta mercancía se produce y a cuanto alimento se exhibe en las tiendas de alimentos y el pueblo está obligado a ir a ellas o morirse de hambre.

Los que dirigen este gobierno mundial y se ponen de acuerdo para decidir cómo tiene que caminar el planeta, tienen muchos millones, no dos ni tres, ni veinte, sino miles de millones y cientos de miles de millones. Los millonarios que tienen un millón y hasta veinte e o treinta, son indigentes al lado de estos que controlan la economía mundial y a esos que les llaman el gobierno mundial.

¿Qué les dice una cifra de veinte mil millones o más?

Estos millonarios, que cuentan sus centavos en miles de millones, están de espalda a todos los sentimientos y su Dios es el dinero y su socio de fechorías es el Diablo.

Hay algunos millonarios que se apartan de estas reglas, pero solo es por su conciencia que muchas veces les toca a la puerta. Por lo demás no se apiadan en nada, de los pobres del mundo, de las madres que lloran cuando no les pueden dar comida a sus hijos pequeños, ni de las familias que tienen que dormir en un parque porque el Banco les quito su casa.

El petróleo, el hierro, la plata y otros recursos naturales, ha llenado los bolsillos de los que ahora dominan con su dinero este planeta. Lo dominan con el dinero, con los bancos, comprando a los políticos, no importa si son presidentes o reyes. La Casa Rotchail, el grupo Morgan, los Rockefeller y una docena de millonarios mas, son los que tienen el mundo en sus manos y lo disfrutan haciendo más dinero cada día. La lista de los que tienen miles de millones, cientos de miles de millones, miles de miles de millones, abundan en este :planeta Tierra. Es como dije antes, controlan el petróleo, los recursos naturales, los gobiernos sean de presidentes de reyes o de tiranos.

Veamos un solo ejemplo La Casa Morgan, ¿de dónde sale? ¿Dónde y cómo comenzó esa fortuna? Para el que lo sabe es bien fácil la respuesta: la mayor parte de esa fortuna salió del Pirata Morgan, que asaltaba los galeones españoles en el medio del mar y robaba todo el oro y la plata que salía de las minas de oro de los territorios españoles de América

Todos los Morgan son familias, no importa si vivieron cientos de años atrás y que la fortuna fue pasando de mano en mano, como se dice vulgarmente. Ese dinero viene del pirata Morgan que fue el campeón en robar el oro que los españoles sacaban de sus minas en América y que no se lo robaban a nadie, porque ese oro estaba debajo del agua, bajo tierra, en sierras erizadas de volcanes y en lugares donde no podían llegar los infelices nativos. Aquel río de oro y plata que llegaba de América, fue el inicio del gobierno mundial.

Al comienzo el gobierno mundial comenzó individualmente, unos controlaban la plata, otros el oro, otros los productos naturales, hasta que alguno de los millonarios se le ocurrió la idea de crear los bancos, para tener en la mano el dinero del mundo y así comenzó la banca y al crear la bolsa de valores y tenerlas en sus manos, fueron los instrumentos que les dieron el gobierno mundial.

Ese gobierno mundial, que es solamente la unión de los que controlan las riquezas del planeta, mas tarde aumento sus riquezas con el petróleo, que es hoy la primera necesidad de la población mundial, con los productos alimenticios, con los productos agrícolas y con las grandes fabricas de producir alimentos.

Y el gobierno mundial, los millonarios del Planeta, crearon también las guerras, donde morían millones de personas, para afincar sus intereses. Y esas guerras no fueron para aliviar el hambre en el mundo, sino para mantener el control del dinero, del comercio, de la industria, de los bancos, y de la bolsa.

Muchos locos aparecieron en el planeta queriendo controlar países, con el único objetivo de tener poder mundial, uno de esos locos fue Adolfo Hitler, otro en menor escala lo fue Napoleón, como ahora lo hace Fidel Castro, Maduro y esa legión que quieren controlar países, sus pueblos y su economía.

Pero estos últimos han sido pequeñas ratas en el conjunto de monstruos que tienen en sus manos el poder mundial y controlan hasta la comida que usted come y el pequeño lugar donde usted duerme.

Esa es la verdadera cara de ese que le dicen él poder mundial y que muy pocas personas saben de sonde salió, como controlan este planeta y a donde nos quieren llevar.

EL PARAÍSO A QUE TODOS ANSÍAN LLEGAR: UNITED STATES OF AMERICA (Y MIAMI DADE COUNTY)

En verdad que todos los cubanos aspiran a llegar al paraíso de Miami o a la Yunai, como dice el vulgo. El país de la cárcel, el paredón, el secuestro y la muerte en horas de la noche, la falta de comida, la falta de trabajo y la falta del respeto ciudadano, obliga a los ciudadanos de Cuba a refugiarse en cualquier otro país de América o Europa, donde el comunismo no sea el que tenga el bastón de mando.

Cuba, un país de 500 años de fundado, ha visto morir en el paredón a miles de sus hijos, ha visto como su gran industria y su equilibrada economía, ha sido tirada a un basurero por la entrada de Fidel Castro y su pandilla a tomar el control del gobierno.

Miles de infelices fusilados en el paredón, aquí, en otras partes de este libro, damos sus nombres, el nombre de sus familias y sus hijos, corriendo el riesgo de que me califiquen de terrorista por esto que digo y lo que voy a decir.

El paraíso de Estados Unidos, preferentemente el de Miami, nos da el derecho a vivir en libertad, a comer, y a tener un techo para dormir y descansar. Esto sería el paraíso sonado, sino fuera por otras dificultades que nos obligan a entrar en una nueva esclavitud, una esclavitud moderna, que dejaría pequeña a los esclavos de Roma y los de la clase media de Estados Unidos.

En Miami, no he experimentado en otros estados, usted no tiene nada, no es dueño de nada, ni de su propia libertad. Usted compra una casa, después de muchos años trabajando y esa casa no es suya, aunque la haya pagado con dinero en efectivo. Si usted no paga los altos impuestos que le ponen a las propiedades, lo desalojan de su casa y el gobierno del Condado toma posesión de la misma. Si usted no paga el seguro, no paga el agua o no paga el agua que bota por el inodoro la ducha, usted pierde su casa.

Pongamos otro ejemplo: usted tiene un automóvil pagado, dio el dinero de su precio en *cash,* pero no es suyo. Si no paga la circulación, si no paga el seguro, si no paga la chapa, se lo remolcan y el carro no es suyo, pertenece al Condado.

El contribuyente de la clase media paga por hacer una autopista, paga por su mantenimiento y después tiene que pagar un *toll* para usarla.

Usted compra comida en el *market* y tiene que pagar impuesto por cada vez que vaya a comprar. Usted tiene que pagar impuestos por el agua que usa para bañarse, por la que usa cuando va a inodoro y paga otros dos impuestos por el agua que bota por el *sewer* y la que bota por el inodoro.

Usted paga impuestos por la pasta de dientes, por el papel de baño, por la electricidad que consume, a pesar de que tiene un exagerado precio, por el jabón que usa, por la ropa que se pone y por el automóvil que usa y la gasolina que gasta.

A pesar de esto, usted puede vivir, si no le da un infarto y se va para el cementerio, donde también tiene que pagar impuestos, si compro un pedazo de tierra para que lo enterraran o un nicho para guardar el cadáver.

Si usted entra en este paraíso, usted ha llegado al sitio de la felicidad, a la Yunai, al paraíso de Miami. Usted ha llegado al paraíso de la nueva esclavitud: le esclavitud fiscal, que no es ni más mala, ni mas Buena que la que tenían los negros durante la esclavitud o los romanos en Roma.

Su carro no es su carro, su casa no es su casa, el agua que toma no es suya, el agua que bota tampoco, las calles por donde transita no son suyas, tiene que pagar por usarlas, comer le cuesta dinero y si se muere tiene que pagar impuesto para que lo entierren.

¡Que viva la libertad, viva la yunai y que viva Miami!

Hay una excepción, que es preferible vivir bajo la tiranía fiscal, que bajo la tiranía de un loco endemoniado como Fidel Castro, que solo da sangre y más sangre, hambre y más hambre y paredón y mas paredón.

Por la comida no tiene que pagar impuestos, si se acostumbra a comer gatos, perros, Aura Tiñosas, que e en Cuba es un delicado manjar o comer guayabas y mangos si los encuentra.

Por lo primero que dije algunos me pueden calificar de terrorista, de anti-americano y de fidelista y por lo último,. Si pueden echarme mano me toca el paredón de fusilamiento.

¿Dónde ponerse? Mejor es callarse como hacen muchos, pero la verdad "nos pondrá la toga viril", como dijo un gran patriota cubano, creo que el Apóstol José Martí.

Vista aérea de Miami Beach, Florida

ESCRIBIR SOBRE LA REGRESIÓN.
EL CEREBRO ES UNA COMPUTADORA.

Si pudiese sacarse del cerebro, todo la información que tiene, se podía saber de una persona hasta la tercera generación y quizá más. En una regresión que me hicieron en Venezuela, llego el momento en que el médico me la detuvo y me dijo que lo había hecho porque no entendía el idioma que yo estaba hablando. Años más tarde en un viaje que di a Inglaterra, estando en Escocia, fui a un pequeño restaurante de barrio a almorzar y escuche que no hablaban inglés, sino un idioma extraño. El mismo que yo hable cuando mas estabas hacienda la regresión, el dialecto que hablaban en Escocia, Irlanda y Galicia, España, de donde era mi mama. Pude saber que esa lengua era la de los pobladores de estas 3 regiones.

En ese viaje tuve una rara experiencia y se la conté al amigo, quien cuando termine de hablar me dijo: "Pues te la jugaste al Canelo y le pregunte que por qué me decía eso y me respondió: ":Porque estuviste cerca del negocio de los traficantes de drogas y dale gracias a Dios que no fuiste a dar al fondo del mar". Y me contó que esa zona de Bimini, en horas de la noche, el que anda por allí no vuelve a regresar, así que dale gracias a Dios por estar vivo y contármelo.

En ese lugar, como en otros lugares de La Florida, los traficantes de drogas recogen las drogas que desde aviones, le tiran al agua los traficante y un grupo de remeros reciben cien dólares por cada bulto que recogen en el agua en horas de la noche y entregan a la persona a cargo de esa misión.

En otra zona de La Florida. "Las Diez Mil Islas", una cordillera de cayos e islitas, que desde la parte Este de la Florida, recorre todo el mar hasta Key West, también es zona de traficantes de drogas, pero la distancia y el hecho de que ya la policía y los agentes de la DEA organismo que persigue a los traficantes de drogas, lo saben, ha hecho disminuir el trafico por esa zona. Además toda esa línea de islitas y cayos, que termina en Key West, es tan larga, más de doscientas millas, resulta muy complicada, porque no se sabe en qué momento aparece un guardacostas, una lancha de la policía o algunos agentes que, desde lanchas, vigilan esa extensa zona de mar.

En Bimini es más fácil, allí hay vinculación con algunos agentes de la policía, los que gobiernan la Isla y los de Miami por donde la entran en Yates de recreo, que vienen de esa zona, con niños y mujeres a bordo. Esos niños y mujeres, le dan la apariencia de han ido allí como turistas

Muchos que hoy son millonarios en Miami, han hecho su fortuna en Bimini, donde también las autoridades se venden, como en el caso de los aviones que tiran los bultos al mar en horas de la noche. Y para llegar allí la DEA tiene que tener un permiso del Gobernador de Bahamas que dicen que también está en la jugada.

Bimini, una de las más pequeñas islas de Bahamas, la más rica, la que más dinero tienen los funcionarios ingleses y los que los ponen en el cargo.

Es tanto el dinero que mueve esta islita, tan cerca de Miami, que muchos millonarios de Miami, tienen casas allí y son amigos de algunas autoridades que saben cómo es la movida de la droga y de la que ellos también reciben beneficios. Como los aduaneros de los dos lugares, con distintos gobiernos, que están tan cerca y corre un río de dinero. En Bimini, los millonarios de Miami fondean sus grandes Yates y viajan entre Miami y la Isla en viajes de "recreo y turismo", llevando a inocentes niños, que no saben lo que están haciendo sus padres.

El que me dijo todo esto, que lo sabe bien, me dijo también que muchas autoridades de la otra parte están involucradas en todo esto. De lo contrario este tráfico de aviones y grandes Yates, hubiese terminado, porque en Bimini no hay nada que hacer, como no sea pescar. Me dicen que ahora hay casinos de juegos, de los millonarios de Las Vegas que ahora tendrán dos negocios productivos, la droga y el juego.

Y una pregunta que yo me hago, que conozco a Bimini, de una pregunta que yo me hago, ¿a que puede ir alguien a Bimini, como no sea a pescar?

Pero ahora están allí las dos cosas que producen más dinero, el trafico y el juego y esa pequeña Islita, tendrá una razón de los casinos y de tantos Yates pescando en horas de la madrugada.

Y que me perdonen, si he ofendido a alguien.

LA VERDAD DE LA MUERTE DEL
COMANDANTE CAMILO CIENFUEGOS

En honor a la verdad tengo que decir que decir que el supuesto asesinato de Camilo Cienfuegos por Fidel Castro es la mentira más grande que se dicho en este exilio de tantos mentirosos, corruptos e imbéciles. La historia verdadera yo la viví junto a Marcos Días Lanz, hermano de Pedro Luis Días Lanz, que era el Jefe de la Aviación Militar nombrado por Fidel Castro.

Camilo estaba en Camagüey junto a la Plana Mayor Castrista, un día que Hubert Matos, había fusilado en un camino real, a más de ochenta personas, de todas las edades.

Yo personalmente vi el reguero de cadáveres. Se hizo bajo las órdenes de Hubert Matos y en nombre de la revolución "patriótica" de Fidel Castro.

Por ese entonces yo era Jefe de Relaciones Públicas de la Aviación Militar, nombrado por Pedro Luis Díaz Lanz, su jefe que era amigo mío y regresando por carretera de Santiago de Cuba a La Habana, pude saber que Fidel Castro estaba en Camagüey. Durante el viaje de regreso a La Habana, yo había visto, en un camino real por informes de un campesino, un reguero de más de ochenta cadáveres de personas que habían sido fusiladas por Hubert Matos.

Entonces, para conocer los detalles de esa matanza, me quede en Camagüey y fui a la Jefatura del Ejército, suponiendo que Hubert Matos estaba allí y saber ¿por qué había ese reguero de muertos en el camino real que yo había visto en la carretera?

Cuando llegue a la jefatura allí estaba Fidel Castro, quien me saludo y pensé en que en vez de a Matos, yo debía pedirle explicaciones a Fidel de ese reguero de muertos en un Camino Real.

Allí estaban Fidel Castro, Hubert Matos, Camilo Cienfuegos y oficiales y soldados. Cuando Fidel me vio me dijo: ¿Llano Montes que haces por aquí? Yo dije que venía en mi carro desde Santiago de Cuba y aproveche el momento para preguntar por el reguero de cadáveres, más de ochenta o cien que había en un camino real a orillas de la carretera. Y con un sonrisa en la boca me respondió: "Es que Hubert Matos está limpiando a Camagüey de gusanos y no tuvo tiempo de recoger los cadáveres y echarlos en una fosa, para evitar que los enemigos de le revolución tengan armas para atacarnos".

Yo me quede callado y la pregunte y que" estás haciendo tan lejos de La Habana" Y me respondió: "es que hay que meter en cintura a los enemigos de la revolución aquí en Camagüey que son muchos y tenemos que atajar el mal, antes de tener que lamentar".

Yo me quede callado y le pregunte, ¿cuando regresas a La Habana? y me respondió: "estoy aquí porque es necesario que Camilo este en La Habana en menos de dos horas y ya tenemos resuelto el problema. Aquí hay una persona que va en su avión para La Habana y me ofreció llevar a Camilo Cienfuegos.

El avión donde iba Camilo Cienfuegos, salió para La Habana. Todavía yo estaba allí y vi cuando Fidel y Camilo se fueron aparte y hablaron.

Eso día había una tormenta sobre la Isla de Cuba y cubría Camagüey y parte de Santiago de Cuba y Las Villas.

La tormenta era cruzando la isla por el medio, entre las provincias de Las Villas y La Habana.

El avión que llevaba a Camilo despego desde Camagüey y al entrar en Las Villas se topo con una fuerte tormenta. El piloto se comunico con la Torre de Control del Aeropuerto y le pidió instrucciones. Le dijeron que volara hacia el Sur y se fuera por el Sur de Las Villas y entrara por el mar en la provincia de La Habana. El piloto se dirigió hacia el Sur de la Tormenta y voló buscando un paso en la tormenta que le permitiera volar hacia el Sur de la provincia de La Habana y por más que lo intento no lo encontraba voló entonces más hacia el Sur de La Isla y pasó por encima de Isla de Pinos y no podía esquivar la tormenta. Al Sur de Isla de Pinos, decidió regresar a la Isla de Cuba para ver si se había despejado allí la tormenta y al mirar el panel de instrumentos pudo ver que la gasolina estaba a punto de terminarse. Trato en vano de encontrar un punto de aterrizaje, cosa imposible porque estaba volando entre Isla de Pinos y Gran Caimán

En la fuerza Aérea de Cuba, salieron aviones en busca del avión donde venia Camilo Cienfuegos y entre esos aviones, uno, donde íbamos Marcos Díaz

Lanz y este periodista. Volamos sobre el mar entre isla de Pinos y Cuba y sobre toda Isla de Pinos y sobre el mar, entre Isla de Pinos y Grand Caimán, y a los10 o 15 minutos de vuelo desde la Costa Sur de Isla de Pinos, Marcos Díaz Lanz le dijo al Piloto, "" baja hacia esa mancha grande que hay sobre el agua"" y bajamos y se saco en conclusión de que allí había caído el avión donde venia Camilo Cienfuegos y el amigo que lo regresaba a La Habana.

Esto que acabo de contar lo viví y nadie me lo puede discutir. Es lamentable que Marcos Díaz Lanz, el hermano del Jefe de la aviación este muerto, porque no me dejaría mentir. Y lamentablemente Pedro Luis Díaz Lanz está muerto también. Y digo así, porque de los comandantes de Fidel Castro, uno de los pocos que era un verdadero patriota era Pedro Luis.

La torre de Control del Aeropuerto de Camagüey, que le dijo al avión donde viajaba Camilo Cienfuegos, que evadieran la tormenta volando hacia el Sur, puede haberse equivocado. Como también el piloto de la nave que no vigilo que no tenía combustible para ese viaje.

Yo no tengo porque mentir ni inventar nada en relación con la muerte de Camilo Cienfuegos, solamente decir la verdad que ha sido ocultada o falseada. No gano nada con decir esta historia, que libera a Fidel Castro de la muerte de Camilo, pero no se puede, sabiendo que es una mentira, quedarse con la boca cerrada. Fidel ha matado miles de infelices, pero no mato a Hubert Matos, aunque también Hubert mato a miles de infelices. Yo creo que la voluntad de Dios puso sus manos en este asunto

Y como se los cuento así es y el Dios que esta allá arriba sabe que no estoy mintiendo, ni inculpando a Fidel de esa muerte. En el total de cuentas, Fidel Castro ha matado a miles de infelices, que importa un muerto mas, que también fue el autor de ese reguero de muertos que vi en el camino Real en la provincia de Camagüey y que le acreditaron a Hubert Matos.

Major Pedro Luis Díaz Lanz testificando ante el senado.

FIDEL CASTRO, UNO DE LOS HOMBRES MAS RICOS DEL MUNDO. ¿DE DONDE SACÓ EL DINERO? ¿DE SU TRABAJO? TAMBIÉN ROBAR ES UN TRABAJO ¿NO ES CIERTO?

Entre los hombres más ricos del mundo esta Fidel Castro, que comparado con otros, podríamos decir que está en la indigencia, pero los que saben: Los Directores del gobierno mundial, le calculan una fortuna de 97 mil millones, es propietario de una Isla de más de cien mil kilómetros cuadrados, cuyo precio no se puede calcular.

Nadie ha llegado a tener esa fortuna. Pero entre los millonarios del gobierno mundial, Fidel Castro es un indigente o algo parecido.

Pero hay una pregunta, cuya respuesta muchos quisieran saber. ¿De dónde sacó Fidel su fortuna de 95 mil millones de dólares?

De su propiedad de la Isla de Cuba y algunos otros trabajitos *part time* que ha tenido, como el de vender el oro que Cuba tenía en Fort Knox y que era el respaldo en oro, de la moneda cubana. ¿Cómo se lo pudo robar? Pregúntenle a los generales de ese centro militar de Estados Unidos, a los miembros del Departamento del Tesoro y al Presidente que dio el permiso para que el oro que respaldaba la moneda cubana se lo repartieran entre un grupo de norteamericanos, incluyendo un Presidente de Estados, según los informes y Fidel Castro.

En un avión ruso "Antonov", donde iba el hijo de Fidel Castro, metieron los lingotes de oro, que respaldaban la moneda cubana y aterrizaron en Suiza, donde metieron en grandes bancos esa fortuna a nombre del Hijo de Fidel y con la orden escrita por el propio Fidel Castro, "que solo él, con su firma, podía disponer de ese dinero".

Y esa es una pequeña historia que nos dice un episodio que saben muy pocas personas, entre ellos el hijo de Fidel Castro que lo llevo a cabo y que viajo en el avión hasta Suiza, los grandes funcionarios de Estados Unidos, incluso un Presidente y el Jefe del Departamento del Tesoro de Estados Unidos, así como algunos rusos que participaron del festín.

Cuando Fidel Castro, si está vivo salga de propietario de la Isla de Cuba, ¿para qué le va a servir el dinero? Lo disfrutaran, si acaso sus socios de fechorías. Y entonces se va a saber, a nivel mundial, esta historia que es ignorada en el mundo entero, menos los que fueron cómplices. Pero lo más probable, si a Castro le sigue un gobierno decente, que termine en una cárcel hasta su muerte. Fidel Castro ha muerto muchas veces, pero esa era la brújula para saber quiénes eran, donde estaban y que hacían sus enemigos dentro de su gobiernos y los millones que tenía dentro y fuera de Cuba.

Fidel Castro Ruz en un desfile en la plaza de la revolución

LOS CULPABLES DE HABER METIDO A CUBA EN LA TIRANÍA MÁS SANGUINARIA Y OPRESORA EN TODA LA HISTORIA MUNDIAL NO FUERON LOS CUBANOS IMBÉCILES, NI AQUELLA PANDILLITA DE LA SIERRA MAESTRA, FUERON LOS DOS SECTORES MÁS PODEROSOS DEL MUNDO: LA POLÍTICA Y EL DINERO.

Los imbéciles que caminan sin cabeza en Cuba fueron el instrumento para poner la isla en manos del sanguinario y déspota Fidel Castro y la pandilla de la Sierra Maestra,, que no tenía el poder, ni para poner un alcalde de barrio, fue el instrumento de que se valió el gobierno mundial y los dueños de la economía, para poner en Cuba esa larga tiranía.

Si vemos el poder que han tenido en sus manos los que controlan el dinero en el Mundo, tendríamos una idea más solida del porque Cuba y otros países de América han sido gobernados por tiranos y dictadores.

Yo soy ciudadano norteamericano y si tengo que ir a un frente de batalla por su libertad, lo hago, sin pedir recompensa de ningún tipo. Pero jamás me prestaría, para ponerme a las órdenes del gobierno mundial del dinero, para impedir la libertad de los pueblos, que son convertidos en instrumento o del dinero y de esos poderes.

A partir del descubrimiento de América, se puso de moda a ver quién podía dominar mas territorio del Nuevo mundo. Los españoles fueron el instrumento para civilizar al Nuevo Mundo, que controlaban algunos caciques de Norte América, y grandes reyes o jefes del Perú, México y muchos territorios de América.

Pero a partir del siglo 18, se crearon nuevas tácticas para apoderarse de territorios en toda América y el Mundo. Detrás de esos nuevos poderes estaba el poder político y económico y el poder militar de las grandes potencias. ¿Quién fue Napoleón Bonaparte, sino un instrumento del poder y el dinero para sojuzgar a países de Europa y otros continentes?

Si observamos sin pasión alguna, las guerras de Napoleón, la Primera y Segunda Guerra mundial y otras guerras más recientes, nos daremos cuenta que detrás está el poder del dinero y el dominio mundial. Y a principio del siglo pasado, los poderes políticos y económicos cambiaron su táctica para dominar países y territorios, ahora se valen de pandillas como las de Fidel Castro y de falsas ideas que le meten a sus pueblos los que quieren convertirlos en una mercancía para llenarse los bolsillos.

Tenemos muchos ejemplos como los de Hitler, Mussolini, Pancho Villa, Fidel Castro, los Hippies, los casinos de juego y los ladrones de la política. Todos, de cualquier parte que los mires, son instrumentos del poder y del dinero, algunos mas brutos y otros más inteligentes, pero van a un solo objetivo: el poder y el dinero.

Y los "sin cabezas", que dominan el poder, solo les interesa llenar sus bolsas y la de los poderes mundiales del dinero. Por medio de las guerras las revoluciones y las pandillas que se meten a dominar la política y las ideas de los pueblos.

Un solo ejemplo: cierto día de la década de los cincuenta, cuando ya Fidel estaba en la Sierra, llego a Cuba el nuevo embajador norteamericano Arthur Gardner y yo tuve la ocasión de hacerle una entrevista, a la salida de la embajada norteamericana en La Habana. Y le pregunte que si la llamada de Batista a nuevas elecciones, sería el final de Fidel Castro y la pandilla que lideraba en la Sierra Maestra y a una de mis peguntas el embajador me dijo, palabras textuales: "Yo tengo órdenes de mi gobierno, de que el único que puede tomar el poder en Cuba es Fidel Castro. Y agregó: si usted dice esto en la prensa yo lo desmiento y a mí me van a creer, a usted no. Así que ya esta advertido.

Me trague la lengua y comprendí que ya estaba arreglado entre los dos poderes, la política y el dinero.

LA SELVA DE LOS LEONES.
UNA DE LAS HERRAMIENTAS DEL GOBIERNO
MUNDIAL QUE EXISTE CON CHÁVEZ Y OTROS
DICTADORES.

La democracia, una palabra que solo funciona para los grandes del capital y del poder. El pacto Obama-Castro, es una maniobra de las grandes corporaciones de Estados Unidos, para impedir que otros puedan quitarles los centavos que le que le quedan a Cuba. Ni en Obama ni en Fidel se puede creer.

Vamos a poner uno de los muchos ejemplos, que respaldan mi opinión. La democracia funciona para la gente del dinero y el poder, al igual que el comunismo, con una sola diferencia. Que en la democracia usted tiene derecho a la prensa, si tiene el dinero para pagarla. A la libertad, pero con un reglamento, que si usted lo viola, va derechito a la cárcel o la multa que tiene que pagar le cuesta la mitad de su salario del año. Somos libres de hablar, somos libres para escoger nuestros gobernantes, pero si esos gobernantes roban el dinero público y usted lo dice, lo meten en la cárcel por difamación. Usted, en la democracia no puede robar el dinero público y si lo hace va a la cárcel. Algunos políticos lo hacen, pero nadie los puede llevar a la prisión, porque ellos controlan el poder judicial y todos los poderes políticos.

Vamos a poner un ejemplo: Obama, el Presidente de Estados Unidos, se ha acercado al criminal tirano de Cuba, empujado por los grandes del dinero de los Estados Unidos, que ven en Cuba un Mercado que puede surgir si hay un cambio de gobierno.

A Obama, ni a los millonarios de Estados Unidos y del mundo, les importa el gran robo que le hizo Fidel Castro a los millones de cubanos, que le robaron el dinero del banco, sus fincas, sus casas y todo lo que tenían de valor, para dárselo a los rufianes de la Sierra y hacer de Fidel Castro el dueño de Cuba, de su dinero, del dinero de todos sus habitantes, el propietario de los bienes de los ciudadanos de Cuba, de sus grandes corporaciones y de todas sus tierras y los mares que la rodean. Estoy seguro que Obama no tuvo el valor y el civismo, de obligar a Fidel a devolver a sus legítimos propietarios, sus propiedades, fincas o casas, su dinero, hasta los robos que les hicieron en los aeropuertos a los que se iban. Si es que Castro (está dispuesto a cambiar su política y el régimen de oprobio y crimen que instaló en Cuba cuando bajó de la Sierra Maestra).

Nada de esto se trato en las recientes reuniones del tirano de Cuba con el Presidente de Estados Unidos.

Si Obama no obliga a Fidel, a devolver los robos que le hizo a millones de sus habitantes, en Cuba no hay nada que hacer, ni se puede creer, ni en Obama, ni en Fidel.

Cuando la policía arresta un ladrón, le devuelven a su legitimo propietario lo que robo y lo llevan a la cárcel. Pero al gran ladrón, Fidel Castro y su pandilla, lo veneran y pactan con él y le dan el derecho de seguir robando, seguir matando y de tener pisoteados a 15 millones de seres y ser propietario de una Isla de miles de kilómetros cuadrados. Solo para darle a los millonarios la oportunidad de ganar dinero fácil y mantener la tiranía de más de cincuenta años que aplasta al pueblo de Cuba, ha sido el contenido de ese pacto Obama-Castro, que es la mayor desvergüenza política de la historia de Estados Unidos.

Y volvemos con esa estrofa de una antigua poesía que decía:

En tiempos de las bárbaras naciones,
en las cruces colgaban los ladrones.
Hoy en el tiempo de las luces,
del cuello del ladrón cuelgan las cruces.

LA DISCRIMINACIÓN EN ESTADOS UNIDOS.

Los mas discriminados en Estados Unidos son las mujeres negras. ¿Quiénes las discriminan? Los propios negros. Parece mentira, pero es verdad y lo podemos ver en la calle, en las reuniones, en la televisión y en el cine. Vean el porqué hablamos de un tema tan sensible.

Cuando un negro: futbolista, pelotero, boxeador, artista, cantante o en el cine, se hace millonario, las prefiere blancas, rubias y jóvenes. Y por suerte para ellos ese tipo de mujer, en Estados Unidos y muchas partes del Mundo, es un material que abunda.

Muchas mujeres, hispanas, norteamericanas y de otras razas salen a la calle a buscar un hombre que les resuelva su problema y si es bonita y joven, casi siempre le hacen el disparo a un viejo, de estos viejos refistoleros, que tienen dinero y lo quieren disfrutar, aunque hagan el ridículo.

Yo tenía una señora de raza negra, que vivía en el Barrio Negro de Miami, que me atendía la casa, una vez al mes, que era la persona más confiable que alguien podía tener en su casa. Yo la dejaba sola y me iba a trabajar y ella se hacia su almuerzo, limpiaba la casa, ponía mi ropa a lavar y a secar y en esos momentos era la dueña de la casa. Todo lo que ella hacia tenía mi aprobación. Era una persona humilde y respetuosa, nunca la vi alzar la voz al decir una mala palabra. Esa persona negra era mi confianza en la casa, lo que ella hacia estaba bien hecho y nunca le tuve que llamar la atención por nada.

Ella fue la la que me puso a pensar en eso de la discriminación, cuando un día me dijo que ella tenía un cuchillo clavado en el Corazón, cuando veía a los negros ricos, futbolistas, peloteros, boxeadores. artistas y políticos junto a, una blanca, rubia y joven, haciendo alarde, en la pantalla de la televisión. Eso era para mí como si me clavaran un puñal en el Corazón, porque era un insulto para las mujeres negras.

Yo odio la discriminación, pero existe desde que el mundo es mundo, pero no en la cantidad que podemos ver ahora. Los únicos que no se discriminan, porque siempre andan con su pareja, son la aves y los animales. ¿Cuando usted ha visto un tigre de Bengala, el más bello de los felinos, andar con una yegua o una oveja? No lo ha visto, ni lo verá nunca, porque nuestro Dios ha seguido la regla de "cada oveja con su pareja".

Yo odio la discriminación, un musulmán correcto y decente es una persona buena. Un musulmán que mata hombres, mujeres y niños, con explosivos, es un hijo del Diablo. Los hay blancos, negros, musulmanes y chinos, que cumplen con las leyes de Dios. Pero los hay que por no dejar de discriminar, se discriminan ellos mismos.

Yo odio las discriminación venga de donde venga y contra quien se haga, para mí, un negro bueno, es una buena persona, un negro malo es una persona mala. Un blanco malo, que los hay por toneladas métricas, es un ser despreciable.

Los negros son seres humanos, como cualquier blanco, cualquier chino o cualquier musulmán. De cada uno podemos sacar sus cosas buenas De ambas razas, los hay buenos y malos. Y entre muchos de ellos la discriminación existe, como en el caso de las mujeres negras.

Yo tenía una amiga negra, buena persona, que trabajaba en mi casa algunos días del mes y es una persona, más amable, más decente y mas honrada que muchos blancos. Me visitó hace algunos días y tenía la tristeza reflejada en su rostro. Ella me abrió los ojos a la discriminación de la mujer negra, me contó muchas cosas.

Pero entre las grandes barriadas de personas negras, en muchas ciudades de Estados Unidos, existe la discriminación y de entre todos, la más discriminada es la mujer negra.

A ellas les duele ver a un millonario negro, a casi todos, con mujeres blancas y rubias, en la televisión, en actos social y en, público. Esa práctica destroza el corazón de la mujer negra, que el único que ha salido a defenderlas soy yo y lo que me animó es hacer justicia, si me critican, que me critiquen y si me atacan que me ataquen, bastantes he recibido en mi vida por tocar puntos sensibles que afectan al ser humano sea hombre o mujer. Yo estoy seguro que la mujer negra, no me criticara por decir esto y eso me basta.

Yo no discrimino a nadie, yo he tenido amigos negros, que han sido para mí como un hermano y este escrito solo tiene una finalidad: ayudar a las mujeres negras en una lucha que ellas no pueden enfrentar, ni ganar. Ahora no me salgan a decir que estoy agitando problemas raciales, porque eso se aparta de la verdad y es la única herramienta que tienen los que se sienten afectado, para decir que estoy agitando las pasiones sexuales entre razas, porque eso es un argumento infantil. ¿Qué gano yo con decir esto? Nada como no sea buscarme el odio de los negros que hacen eso y que en verdad son los que discriminan y humillan a las mujeres de su raza.

Demostración de racismo en los Estados Unidos.

LA BARBARIE DE LOS INCULTOS.

América Latina, no somos latinos, los latinos eran una de las tribus que poblaban las colinas de Roma. Las otras tribus eran los etruscos y los sabinos.

Yo he leído la historia en todas direcciones y nunca he sabido que los latinos poblaron América. Eso, como dijo un Presidente de México Don Venustiano Carranza es como decir que México es un País Azteca, teniendo en cuenta de que en México habían muchas tribus en todo el territorio. El Presidente Carranza dijo:

"El solo hecho de hablar de América Española y no de América Latina, concepto fraguado en un bar de París por un americano borracho, aberración que avalan los agentes "yanquis" en todo el mundo, coloca a Carranza al nivel de los hombres capaces de instituir que existe un mundo hispanoamericano, con problemas económicos semejantes, con identidad de destino cultural y dicho sea sin rodeos, con el perfil de una gran nacionalidad. Dentro de esa nacionalidad cabe por supuesto España, que sólo cobra plena significación como provincia hispano-americana, al nivel de México, de Chile y del Perú. Ser naciones hispanas y ser hombres hispánicos, es algo de lo más importante de lo que se puede ser hoy. Todo lo demás es provincianismo, como ser guatemalteco, ser mexicano o ser español. Nuestro mundo es más amplio, un mundo hispano, que dejo de ser español, para ser nuestro, en el de veintena de países, incluida España. Carranza tuvo esa intuición porque fue un mexicano fronterizo. En el Sur privan demasiados complejos, aztequitas que no tienen sentido para los hombres del Norte." Esto lo dijo el Presidente de México Don Venustiano Carranza.

Y en otra ocasión en un discurso en Matamoros, reitero sus ideas cuando dijo: Debemos unirnos, como lo hemos hecho durante la lucha, para que después de esta sangrienta revolución, podamos llegar a la meta de nuestras aspiraciones, logrando el engrandecimiento de toda la América Española, porque a esta la forman naciones que todavía, que por su poca significación, no han ocupado todavía el lugar distinguido dentro de la América Española.

El hecho de hablar de América Española y no de América Latina, aberración que avalan los enemigos de las naciones de la América Española, colocan al Presidente Mexicano Don Venustiano Carranza, al nivel de los hombres capaces de admitir que existe un mundo hispanoamericano, con problemas económicos semejantes, con identidad de destino cultural, con el perfil de una gran nacionalidad.

Ser naciones hispanas, hombres hispánicos, es algo de lo más importante que se pueda ser hoy. Todo lo demás es provincianismo, como ser guatemalteco, cubano, mexicano español. Nuestro mundo es amplio, un mundo hispánico, que dejo de ser español, para ser nuestro. Una veintena de países donde está incluida España como nación de origen.

Esta opinión salió de la mente del ex Presidente de México Don Venustiano Carranza, que hecha por el suelo a esos incultos que nos quieren unir con aquellos latinos, que vivían como ratas en las Colinas de Roma y que no tenían ningún perfil cultural y si lo tenían era el de las Colinas donde vivían nuestras naciones. Son naciones Hispanoamericanas, de origen español, no naciones Latinas, a cuya descendencia no tenemos ni una letra del alfabeto. Han confundido a millones de personas, para rebajarnos del nivel que nos pertenece, pero las palabras del ex Presidente de México Don Venustiano Carranza, pone las cosas en su justo lugar.

Somos naciones hispanas, incluyendo a España, no somos latinos, ni lo seremos nunca.

Durante mucho tiempo nos jugaron con cartas marcadas y con la aprobación de millones de incultos, pero el camino está abierto y esa legión de personas que tienen el cerebro en vacaciones se tendrán que ir a la escuela para alcanzar una forma de tener un poco de cultura.

Con esto creo haber llevado un poco de historia a esos que se titulan latinos y lo que es peor, a los que nos han querido rebajar la categoría vinculándonos a aquellos latinos que como monos Vivían en las Colinas de Roma.

Pero las advertencias no hacen mella en los incultos, usted ve en Miami, por ejemplo restaurantes latinos, periódicos que ellos mismos publican noticias Latinas, cuando un mexicano, o cubano, es artista o periodista, o cantante le dicen el cantante latino, el periodista latino, el poeta latino y nos meten el latino por la cabeza mil veces en el día.

Pero el Presidente de México, Don Venustiano Carranza lo dijo, no somos latinos, somos una familia hispana de más de 25 países y estamos orgullosos de tener uno de los primeros idiomas del mundo.

Lo demás-sigue diciendo Carranza: "es pura incultura o la maniobra con que nos quieren rebajar de categoría.

Y el Mundo Hispano, es una realidad que nadie puede ocultar, pues millones hablan en español y de latinos no tienen nada. Los latinos quedaron enterrados en las Colinas de Roma. Eso de latino fue acunado en París, por algún americano borracho, que no tenía la menor cultura.

En las Colinas de Roma vivían tres tribus, los etruscos, los latinos y los sabinos, y que yo sepa, ninguna de esas tribus poblaron el Continente americano.

La capacidad del ser humano para entender a aquellos que dirigen su vida, me refiero a los políticos, los millonarios, el llamado gobierno mundial, que no es más que los millonarios del mundo unidos, para dirigir a la población mundial, y llevarlos a arrear el carro donde está el dinero y la política que dirige al mundo, convertidos en burros de carga, sin sentido alguno de hacia dónde van y lo que están haciendo. Esa política de los grandes que dominan la política y el dinero mundial, se vale de distintas fases, llamadas adelantos de la civilización, como es el cine, la computadoras, las películas y los escritos pagados en los grandes periódicos del mundo, que convierte a esa población mundial en imbéciles, que pueden ser manejados por películas, con la prensa y con la política, como ha sido hasta ahora.

Veamos algunos ejemplos: cuando el mundo estaba enfrascado en grandes problemas económicos mundiales, ese pueblo de imbéciles no se movió en su favor, tenía otras cosas a dónde dirigir su cerebro, como el adelanto del cine, las películas de horror y las novelas escritas y vendidas a domicilio. Por esa época inventaron el terror de Drácula en el cine, que tanto miedo le metió en el cerebro a la niñez mundial y que su pensamiento solo estaba en aquel monstruo que tomaba sangre y que salía en la noche para chuparle el cuello a los seres humanos que estaban caminando en las calles en horas de la noche. Podemos decir que la mitad de la población mundial, para no decir toda, estaba horrorizada con el Conde Drácula y su práctica de tomar la sangre de las personas, mordiéndole en la vena del cuello y chupándola como si fuera un jugo de naranja de los que ahora se toman como un palillo.

Ni el Conde Drácula era un chupador de sangre, ni se alimentaba de la sangre de los seres humanos como el cine le presentaba al público. El Conde Drácula fue un patriota que defendió al mundo antiguo del avance de las hordas que venían del Oriente Medio dirigida por hombres sin fe y sin honra, que avanzaban sobre Europa en grandes cantidades, para ocupar esa parte de mundo y esclavizarla como Vivían algunos países del Oriente en la época. El Conde Drácula vivía en Austria, en los alrededores de Viena, donde está su Castillo y que este periodista ha visitado en varias ocasiones. El

se enfermo en una enfermedad de la sangre, desconocida por aquellos tiempos, la sífilis y en su ignorancia,
los médicos de la época, creían que se curaba tomando
sangre de humanos y de animales. Y pusieron al Conde
Drácula, a tomar sangre de los toros que sacrificaban
para alimentar la población y de distintos animales do-
mésticos.

Y seguramente, algún americano borracho en un ca-
baret de Viena, escucho la historia de Drácula y la escribió y la vendió a algún cineasta de los Estados Unidos,
para hacer la película de horror que entretuvo a la población mundial y a la juventud de aquellos tiempos. El
único adelanto que produjo esa historia de horror, fue
la de llevar a la población mundial de imbéciles, mas
desconcierto del que tenían en las cosas del mundo.

Y esa historia de Horror del Conde Drácula, le sirvió a los monarcas del dinero, para esconder mejor sus
prácticas para llevar más imbecilidad a la población
mundial que ya por aquella época no tenía la mas mini-
na idea como la habían convertido en una herramienta
del poder mundial del dinero, metiéndole más terror a
la población.

Después llegaron al cine, otras historias de terror
como Frankestein, el Hombre Lobo, Las Momias, Tarzán el Hombre Mono y argumentos cada vez más dis-
paratados, que digería la población con más facilidad
que los alimentos que comía.

Toda esa historia de horror llego a entretener a la
población y no darse cuenta que los grandes del dinero,
la llevaban a su antojo a fijarse en esos monstruos, y momias y no ver lo que hacían ellos con la industria, el co-

mercio y los bancos. Y la ola de charlatanes que hay en el mundo no aciertan a comprender que el comunismo, el nazismo, el fascismo el fidelismo, son las herramienta de que se sirve ese poder mundial para mantener a los pueblos, en un rin de pelea para ver como se destrozan y los grandes del dinero siguen adelante funcionando con esas herramientas del capitalismo

Fidel Castro cumplió su cometido con el gobierno mundial al llevar hacia pueblos de América a mirar hacia Washington como le meca y no darse cuenta de que ese gobierno o mundial el dinero es el verdadero enemigo del futuro de los países pobres del mundo.

Vean a Cuba, era uno de los países más adelantados de América y ¿qué es ahora? un país de indigentes, sin las importantes industrias que controlaba, como el café, el azúcar, el tabaco, frutos menores y alguna de otro renglón, en la construcción, el cemento.

Favelas en Brasil. Contraste urbano de pobreza.

EL POR QUÉ DE LAS GUERRAS Y SUS MILES DE VÍCTIMAS. EL MUNDO CAERÁ EN MANOS DE CHINA, COMO UNA FRUTA MADURA.

Las guerras casi siempre son por algún interés, el interés de los que mueven el dinero del mundo, o intereses personales de familias de mucho dinero, de esas familias, que son el verdadero gobierno del mundo.

Vayamos a la historia, ¿quién era Napoleón Bonaparte y por qué triunfo en cientos de batallas? Triunfo y se convirtió en el amo del Mundo, porque los Reyes de Francia querían mas territorios y los que controlaban la economía francesa, querían más ganancias. Ni más ni menos.

Napoleón Bonaparte triunfo en Europa y el Norte de África, pero al atacar a Rusia, el bocado era grande y le dio indigestión. Lo demás es historia y el mismo cuento de los historiadores.

Napoleón Bonaparte hizo de Francia el centro del Universo, que los reyes dominaban y expandían sus territorios y su mandato. Anteriormente lo había hecho Carlos V, Rey de España y Emperador de Alemania. Le economía era bien fácil: controlar territorios, tener vasallos y esclavos que los hicieran valer y toda la solución era a base de cañones y de guerras.

¿Qué les importaba a esos reyes y emperadores, la muerte de seres humanos, la destrucción y países arrasados. Nada, el poder era lo que se imponía.

Hoy las guerras han cambiado, son guerras económicas, por el petróleo, la industria, el comercio y controlar los poderes de las fuentes de donde salen.

Entre los reyes de Francia, España e Inglaterra movían el mundo antiguo. Después, cuando Cristóbal Colón descubrió América,España se fue por encima de Francia e Inglaterra y hubieron muchas guerras por el control de territorios. Inglaterra promovió la revolución Americana, con el objetivo de quitarle la mitad de lo que hoy es Estados Unidos, que estaba en manos de España: La Florida, California, Texas, Nevada, Colorado, Las Vegas, así como también Estados Unidos se desquito el golpe, ayudando la revolución mexicana, que le hizo perder a España un territorio grande y rico, que se extendía a toda Centro América.

Las guerras de antes eran por el control de territorios, las de ahora son por el control de la riqueza, en petróleo, en minas de carbón y en territorios estratégicos.

La Guerra de Independencia de Cuba fue promovida en Europa, para quitarle a España el último territorio que dominaba en América. Y tuvieron los resultados, que no tuvo España al ayudar en otras guerras contra Inglaterra, cuando se discutía el poder mundial.

Hoy en día, ya el mundo entro en otra fase: el dominio no es por territorios, sino por riquezas. El petróleo, la producción de comida, las tierras productivas, son el mejor bocado para los países imperialistas. Pero la industria será el primero y ya está a punto de caer en las manos de China, que cuando comience a producir aviones, productos industriales y armas sofisticadas para la guerra, en grandes dimensiones, el mundo caerá en manos de los dos mil millones de chinos que trabajan por centavos y sus precios son los más baratos del mundo.

Cuando los chinos hacen un alfiler cada uno, hay millones de alfileres para el mundo y muchos no se usaran por la cantidad puesta en el mercado. Pero cuando china vaya a la industria pesada, equipos militares, aviones, cohetes, bombas atómicas, barcos de guerra, armamentos y vendan a todas las industrias occidentales a la mitad del precio. Habrá un lugar en el mundo para negociar: China comunista, entonces ellos tendrán que dejar el comunismo, que es algo que se invento para poner de rodillas a los países industriales de Europa y el resto del mundo, pero que es un invento ya es inútil.

¿Quién usted cree que podrá hacer una computadora o un equipo más barato de la electrónica, que China? Nadie, son dos mil quinientos millones de chinos trabajando por centavos de Sol a Sol. Pero con esos centavos que ganan, ya esos chinos hacen turismo y los vemos gastando el dinero en los hoteles de Miami Beach y viajando el mundo entero gastando su plata.

El que no vea que este planeta, en un futuro, no muy lejano, estará en manos de China, es porque su cabeza no le da para pensar tanto.

Nadie puede trabajar como esos dos mil quinientos millones de chinos, que ganan centavos pero que viven con esos centavos mejor que los que ganan dólares.

Y agárrense los pantalones, que en diez años más, China tendrá cinco mil millones de chinos y el gobierno, mientras tanto, no cierra la fábrica de chinos porque sabe de que ahí depende su existencia, riqueza y poder.

Un pequeño ejemplo para que mis lectores sepan que yo sé de lo que hablo, porque lo veo y lo toco. El otro día fui a una tienda china en Miami y compre dos paquetes de servilletas, papel de baño, dos cajas de clinex, un tubo de pasta de dientes, dos cepillos, y un marco para una fotografía y gaste diez dólares. Eso, en una tienda de cualquier parte de Estados Unidos me habría costado no menos de 25 dólares y estoy tirando por lo bajo.

Las tiendas chinas se extienden por todos los Estados Unidos y otros países de Europa, África y América. Y no hay quien las detenga. No pasaran diez años en que China domine la industria y el comercio mundial. Los chinos son trabajadores e inteligentes y saben vivir con poco dinero, que es el secreto primordial.

Quiere decir, que mientras más chinos haya en el mundo, mas económica será la vida para el resto del planeta y la industria y el comercio caerá en sus manos como una fruta cae de una mata.

Y lo más importante, no habrá quien le ponga el cascabel al gato, como dice el Viejo refrán, porque cuando eso traten de hacerlo ya China tendrá diez mil millones de chinos y estos vivirán con un dólar al día y tendremos que caer en manos de los chinos. Ni mas, ni menos.

Esto que hablamos, compren el libro y guárdenlo y lo sacan dentro de diez o veinte años, si es que pueden llegar hasta allá, para que vean lo mucho que tuve que pensar para escribir esto.

Y algo mas, el mundo irremediablemente, en veinte años, con bombas atómicas y otras peores en manos del mundo occidental, los países que dominan el mundo con sus bombas atómicas, sus aviones, sus grandes acorazados y su poder, no les quedara otro remedio que metérselos por el trasero, si es que lo tienen para esa época.

Y guarden este libro, no lo presten, para que lo vuelvan a leer dentro de veinte o 25 anos, cuando usted tenga que hablar en chino, .para poder tener una tienda del dólar o algo parecido.

A China no la para nadie, únicamente su gobierno que haga leyes para cerrar la industria de producir chinos, que eso no pueda ocurrir.

Y si no pueden parar la producción de chinos, poner en práctica esta idea que les doy: Hacer dos ciudades amuralladas con cien pies de alto sus murallas y electrificadas sus paredes con un millón de voltios, para que vivan en una los chinos y en la otra las chinas. Y alrededor de esas murallas poner ametralladoras automáticas, que ellas se disparen automáticamente, cuando un chino o una china trate de salir, de cualquier forma, por una de sus murallas.

Y eso no entra, ni en la mayor fantasía que se haya inventado y habrá que enterrar esa frase que tanto se utiliza para hablar de los derechos humanos.

Cuando China llegue a los cinco mil millones de habitantes, el mundo caerá en sus manos como una fruta madura. Y no es mucho tiempo el que hay que esperar. Esto no lo para nadie, nada más que la muralla y las ametralladoras que funcionan solas.

Bombarderos B-24 durante la Segunda Guerra Mundial.

Helicópteros Bell UH-1 durante la guerra en Viet Nam.

BIMINI ES UN TERRITORIO INGLES A 3 HORAS DE MIAMI. ES EL LUGAR FAVORITO DE LOS MILLONARIOS DE LA FLORIDA, PARA HACER MÁS DINERO.

La corrupción en Miami es un arte del que se benefician políticos, policías, aduaneros, jueces y magistrados y muchos abogados son culpables, porque cuando los defienden saben bien sobre el delito que cometieron sus contratistas y quieren borrarlos a través de la ley.

Vamos a poner un ejemplo: Bimini es una islita, perteneciente al archipiélago de las Bahamas, que está a un tiro de piedra de la costa de Miami. Para informar mejor, yo personalmente, con un amigo, llegue allí en una lancha, Boston Whealer de 17 pies y por fortuna estaba bien el tiempo.

Cuando le dije a ese amigo que me acompañara a un viaje que proyectaba a una Isla de Bahamas me pregunto: ¿Y en qué vas a ir en esa lanchita de 17 pies que tú tienes? Cuando le dije que sí, me respondió, "Tú estás loco, cualquier pequeña tormenta nos pone de sombrero esa lancha". Le respondí que iba a conocer la Isla de Bimini, que está a la vista de la costa de La Florida a solamente a 25 o 40 millas y creo que estoy exagerando y que mi. lancha es una Boston Whaler, que no es fácil que se hunda con un tiempo bueno. Y me respondió, "de todos modos no te acompaño, búscate otro marinero". Y le respondí, los cobardes son más peligrosos que los demás. No te preocupes que voy a ir solo o acompañado de cualquier amigo.

Y lo encontré a Julio, un amigo que iba a mi casa de Big Pine Key, en muchas ocasiones y me dijo: "Yo te acompaño, yo se que esa Islita esta cerca de Miami,

Y salimos una mañana, en que el mar parecía un plato y no había una gota de viento. En poco menos de tres hora o un poco más, estábamos frente a la Islita. Mi Boston Whaler se deslizaba por el mar, que era un plato, que parecía un trineo sobre la nieve. Y llegamos frente por frente a un caserío donde desembarcamos. Dio la casualidad, que me encontré con otro amigo de muchos años, que tenía fondeada su lancha a veinte metros de la mía.

En la Isla de Bimini se aprende mucho. Me encontré con gente de mucho calibre, residentes de Miami y me hice la pregunta y ¿qué vendrán a buscar aquí, gente que puede ir a New York, Europa y a cualquier parte del mundo? Y deje mi pregunta sin respuesta y sin una simple idea.

Allí en Bimini, hable con muchos guardias de la policía de la Isla y uno me dijo que tuviera cuidado si iba a pescar de noche, Que habían muchos peligros, que no solo por los tiburones, sino por los tiburones de dos patas que andan en la Isla y son peligrosos. Eso me tuvo pensando toda la noche y llegue a la conclusión de que los tiburones de dos patas eran los seres humanos y las personas que van allí a traficar con todo tipo de mercancía ilegal para Miami, cosa que podían hacer en pocas horas de noche y madrugada.

Muchos millonarios de Miami, deben sus millones a esa Isla maravillosa y a la que se puede llegar en varias horas. Yo llegue allí en mi lancha Boston Whaler de 17 pies en menos o un poco más de tres horas.

Y allí a las autoridades al servicio de Inglaterra o a la policía, le gusta también el dinero y la buena vida y todo es posible.

Esa Isla me enseño muchas cosas, en mis viajes de pesquería y periodísticos, y pude saber cómo se bate el chocolate, para decirlo en una frase que su significado es conocido por cualquiera. Y lo comprobé al ver a tanta gente ponderosa en los hoteles y en sus grandes Yates, atracados durante una o dos semanas, o un mes en la costas de esa pequeña Isla.

Y mi fiebre periodística me puso actuar y hasta investigar lo que ya yo sabía por boca de otros. Y puedo confirmar muchas cosas sin llegar a equivocarme y una de ellas es la facilidad que tienen los que tienen dinero, para hacer más dinero, sin el riesgo que se corre en el territorio Continental.

En una ocasión, en que pescábamos de noche, en una dársena o un pequeño golfo de agua que no estaba lejos de la Isla, sentí el ruido de un avión y pude ver, en la noche clara, que dejaba caer unos bultos en el mar a una distancia de menos de una milla. Nosotros no teníamos luces prendidas en la lancha, porque eso asustaba la pesca. De otra forma los aviones no hubiesen pasado cerca de nuestra lancha.

Y eso me puse alerta y apague el farol que teníamos prendido en la lancha y le dije a mis compañeros de pesquería, que íbamos a tener una sorpresa con algo que yo estaba pensando que podía pasar de día y de noche. Por supuesto que la noche era el tiempo ideal para hacerlo.

Después de apagar la luz, al tiempo de media hora, unas lanchas pequeña salían de entre una pequeña islita que estaba cerca de donde volaban los aviones y esa lanchita se movían de un lugar a otro remanda y estuvieron hasta la media noche en esa labor.

Al día siguiente por la mañana pude ver a nativos que todavía recorrían la pequeña Islita por sobre la que volaba el avión y algunos sacaban del mar o de la costa de la Islita unos bultos que metían en la lancha y salían rápido fuera del lugar.

No le di importancia al asunto, pero tuve una ligera sospecha de que un avión pequeño, anfibio, no era algo normal volando sobre los mares pegados a Bimini y a otras pequeñas islas a su alrededor y mucho menos normal era que algunos nativos, con lanchas de remos, comenzaran a ir de un lugar a otro y registrar las arboledas junto al mar de las Islitas pequeñas que rodeaban el lugar, cerca de Bimini.

LA EXPLOSIÓN DEL BARCO "LA COUBRE" EN EL MUELLE DE TALLAPIEDRAS EN LA BAHÍA DE LA HABANA. FIDEL CASTRO SALVA SU VIDA MILAGROSAMENTE. EL VAPOR TRAÍA ARMAS PARA EL EJERCITO FIDELISTA.

Yo, el autor de este libro, trabajaba para la revista carteles, una de las más importantes de cuba. Estaba en la redacción con Gómez Wanguemert, su jefe, y una poderosa explosión sacudió en edificio de la revista. Al principio creíamos que habían hecho un atentado contra la revista, pero no vimos indicio de esto. Nos asomamos a la calle y todos estaban curiosos y asustados. Fuimos a la azotea del edificio y miramos hacia todas partes y en dirección a la bahía se levantaba una columna de humo, "eso debe ser en la bahía, dijo Wanguemert y me dijo a mí, que estaba a su lado, busca el fotógrafo y vete por la vuelta de San Ambrosio que por allí debe ser la explosión. Y acompañado de Funcasta, el fotógrafo de turno, salimos en dirección al puerto. Fuimos directamente a Tallapiedras y cual fue nuestro asombro, al ver un barco echando humo y recostado al muelle. El barco era "La coubre" que el nombre era de un río que desemboca en un puerto de Francia.

Yo me aproximé con mi fotógrafo Funcasta, que comenzó a tomar fotos desde debajo de los elevados del tren. Pero como no sabíamos el motivo de la explosión estuvimos a una cuadra de distancia un soldado del fuerte de san Ambrosio nos dijo, "ese barco traía armas para el ejercito fidelista y vino procedente de Bélgica. Y agregó, "no se acerquen porque es peligroso".

A la media hora llego Fidel Castro con su comitiva de comandantes y me puso el brazo por los hombros y me dijo: eso es un atentados de los batistianos y me agregó, tomándome del brazo, vamos para el muelle llano montes".

Yo le dije, "Fidel ese barco está echando humo y puede explotar otra vez y Fidel me apretó el brazo y me dijo: "vamos no seas pendejo" yo le replique "Fidel es posible la segunda explosión " y Fidel agarrándome el brazo me dijo vamos, cuando Raúl Castro que estaba con nosotros le dijo "Fidel, Llano tiene razón", y al terminar de decir razón, se produjo una explosión terrible que terminó con los restos del barco.

Yo me eche a correr y me oculte debajo de un vagón de ferrocarril que estaba cerca y Fidel y Raúl y los comandantes corrieron para el cuartel de San Ambrosio.

A la escena llego a los quince minutos un carro de la cruz roja y viéndome debajo de ferrocarril me dijo usted está herido y le respondí, "yo lo que estoy es cagado y agregue, lléveme a donde esta mi carro, que eso es lo importante para mí.

Y cuando salí debajo del vagón, todo echaba candela a mi alrededor, los pedazo del barco al rojo vivo, las chimeneas y algunos pedazos de los obreros que estaban trabajando cerca del barco. Por mi insistencia con Fidel para que no fuera hacia el barco, es por lo que está vivo y ha dado tantas desgracias a cuba. Pero el salvo su vida y yo también.

Pero ahí no termina la historia, yo regrese a mi casa y mi esposa aurora me pregunto ¿por qué estas tan nervioso? Y le hice el cuento del barco La Coubre y su explosión. A los 15 minutos me llamo José Pardo Llada y me dijo, "Llano, ¿tu leíste lo que publicaste en la revista carteles que salió hoy a la calle? Mira Pardo he pasado un susto grande y no quiero saber nada de lo que publique" y Pardo me respondió oye que le voy a leer y comenzó a leerlo, "un barco procedente de Bélgica llego a la Habana, a los muelles de Tallapiedra y en sus bodegas traía armas bombas y explosivos para el régimen de Fidel Castro". ¿Y qué importancia tiene esto? Le pregunte, casi ninguna, que tu lo dijiste a las doce del día que salió Carteles y la explosión ocurrió a las cuatro de la tarde. Aquí a la Emisora están llamando cientos de personas diciendo, que tú estabas comprometido con los que hicieron la explosión del barco y piden el paredón de fusilamiento para ti. No salga de tu casa, agregó y si sales, vete para algún lugar porque estas a punto de que te linchen o te lleven para el paredón de fusilamiento me dijo".

Yo sentí un pánico horrible, no sabía qué hacer, por mucho menos que eso, llevaban al paredón a cualquier infeliz. Me quede dentro de mi casa y le dije a mi esposa, si alguien pregunta por mí, tu le dices, que no sabes dónde estoy.

Ese día, en todas las emisoras de radio, miles de fidelistas y engañados por el régimen de Fidel, pedían el paredón para mí. Yo no sabía qué hacer, me fui lejos de mi casa, a Baracoa de La Habana y me puse a pescar con un varita en un río que allí desemboca.

Llegue a mi casa a las nueve de la noche y recibí otra llamada de Pardo Llada, mira Llano estoy en la Confederación de Trabajadores de Cuba, donde están velando los muertos de la segunda explosión del barco, te ruego que vengas y no te apartes de mi lado, hasta aclarar todo. Yo creo que dentro de dos horas llegue Fidel y aclara con el tu asunto, porque estas en peligro de que te linchen en la calle.

Estuve al lado de Pardo en la Confederación de trabajadores y Fidel no llego mientras estuve allí. Al poco rato se acerco un comandante, no me acuerdo quien era y me dijo: "Llano montes, estas metido en un ligo que te puede costar el fusilamiento". Yo le replique, mire comandante, "usted cree que si yo estuve involucrado en esa explosión me iba a quedar sentado en mi casa y viniendo aquí". Y me respondió, "allá tu, pero te digo que estas en un problema serio".

Pardo Llada me dijo, vete y no vayas para tu casa, hasta que todo se aclare" Y en ese momento algunos familiares de los muertos gritaron, mira ese es Llano Montes, el que exploto el barco donde murieron nuestros familiares, mientras yo salía por la puerta como alma que se lleva el Diablo.

Al día siguiente volví a salí a la calle, después de una llamada en que Pardo me decía que Fidel iba a ir a la conmemoración del Segundo aniversario de la República Árabe Unida.

Al medio día fui para allí y entre a muchos compañeros de la prensa, que me saludaban con la mano en la cintura y cuando fui hacia ellos me dejaron solo en una esquina del salón y se fueron para otro lado. Nadie quería estar a mi lado, yo era un paquete de dinamita.

Me quede solo en la esquina del salón, hasta que entre Fidel Castro.

Todos mis compañeros periodistas, como las abejas en un panal, fuero para donde Fidel a reírle las gracias. Pero Fidel levanto la cabeza y me grito "Llano Montes, que tú haces ahí solo y fue hacia donde yo estaba y echando los brazos por el hombre, me dijo "que suerte tuvimos en la segunda explosión, te debo la vida año dejarme ir para el barco, agregó.

A los pocos minutes estaban todos los periodistas allí y decían "como estas Llano Montes y trataban de darme la mano. Yo no sé la extendí a ninguno. Habían actuado como unos cobardes…

Yo trate de explicarle a Fidel el porqué la coincidencia de mi escrito con la explosión y él me dijo,. "estate tranquilo que ya Paquito Cairol, me dijo todo lo que había pasado"

Y así terminó uno de mis mas grandes problemas en la vida. A este hora yo estaría sirviendo de noticias, algunas de las cuales podían afirmar que yo fui quien volé el barco "La Coubre". Dios y Paquito Cairol, me salvaron la vida.

Y como sucedió se los he contado.

Barco La Coubre entrando al puerto de La Habana
antes de la explosión.

LA HABANA, CUBA. PALABRAS DE FIDEL CASTRO EN EL CAMPAMENTO MILITAR DE COLUMBIA, ANTE MILES DE OFICIALES Y SOLDADOS: ENERO 9 DE 1959.

"A partir de este momento, en que la revolución triunfo, ninguna madre, ningún hijo, ni ninguna persona lamentara la muerte de uno de sus seres queridos. Este gobierno trae un ramo de flores blancas, para que todo el pueblo de Cuba pueda vivir sin temor y sin hambre y resolverá todos sus problemas sin derramar una gota de sangre".

He aquí, para que lo vean los cubanos los nombres y apellidos, la edad y quienes eran parte de las miles de personas que fueron fusiladas en los paredones de fusilamiento de Cuba, donde los patria o muerte, los milicianos y los propios comandantes de Fidel, practicaban la puntería de sus armas, con las sangre que derramaban cubanos inocentes.

LA HIPOTECA REVERTIDA: UN MONSTRUO CREADO POR LOS FINANCIEROS Y BANQUEROS MUNDIALES, ESPECIALMENTE EN LOS ESTADOS UNIDOS, EL PRIMERO EN PONERLAS EN ACCIÓN.

La hipoteca "Revertida, un monstruo que está llevando a propietarios de casas pobres, a vivir de indigentes en el País que nacieron. Estados Unidos, el país que más alarde hace de la vida envidiable de sus habitantes, es el monstruo creado por banqueros y el gobierno mundial del Dinero, para llevar a Estados Unidos, donde ha comenzado, a la mayor miseria y desesperación de sus habitantes

Los tentáculos de ese monstruo que es la Hipoteca Revertida, trabaja como los políticos que para llegar a sus metas prometen villas y castillos y cuando llegan se unen a esos financieros sin alma, sin sentimiento, sin el menor sentido de humildad que es la vida del trabajador, en todos los sentidos del trabajo, para sacarles del bolsillo el poco dinero que ganan a través de muchos esfuerzos.

Pongamos un ejemplo: usted se ha quedado sin empleo y solo tiene su casa, ya pagada, pero no puede con los impuestos, con los seguros, con su propia existencia y el alto precio que le cuesta vivir en Estaos Unidos y solo tiene un camino: hipotecar su casa, ya pagada y que ya tiene un valor de 250 mil dólares, pongamos como ejemplo, y su casa es lo único que puede sacarlo del atolladero. Y esos propios banqueros le hablan de La Hipoteca Revertida, como la mejor y más segura ayuda para mitigar su miseria y cuando usted se deja convencer, ya cayó en la trampa.

La Hipoteca Revertida le da un préstamo de 50 mil dólares en una hipoteca, sabiendo que usted no podrá pagarla por la situación que vive la Nación y que tiene en sus manos una casa que triplica ese dinero que le prestó y que esta seguro de que le va a dar una ganancia de un mil por ciento en el peor de los casos.

En los papeles que le entregan le dicen: que nadie le podrá quitar esa casa a usted o al familiar suyo que la viva, pero no le dice que ellos pueden vender la hipoteca a otro banco y ese banco tiene libertad para hacer el *foreclosure* de su casa. Y eso sucede siempre, pues la Hipoteca Revertida que le dio los 50 mil dólares por la hipoteca de su casa, sabe que usted está en problema y que los 50 mil dólares se van a ir en pagar la comida, los impuestos, la gasolina, el médico y, tantas cosas y tantos impuestos que tienen los habitantes de Estados Unidos. Y que esos 50 mil dólares se van a ir en cualquier negocio que usted haga, o a los 2 años si usted no ha logrado tener una entrada capaz de su mantenimiento y mucho menos pagarle los 50 mil a la hipoteca Revertida.

Y cuando usted deje de pagar los impuestos a la propiedad, los más altos de Estados Unidos, el seguro, también los más altos, la electricidad que consume y los gastos de mantenimiento, la Hipoteca Revertida, que le dio los cincuenta mil dólares pone a la venta su casa, después de hacerle el *foreclosure* y se gana doscientos mil dólares, a través de otro banco que no es el banco que le prestó el dinero, pero que está en sociedad, sin escrito previo, con La Reversible.

Usted acepto los 50 mil dólares, por la promesa de que nunca le quitarían la casa mientras usted la viva, pero nunca le dicen que se la pueden vender a otro banco, o pactar el negocio con otro banco, y quitarle su casa, que valía 250 mil dólares, por 50 que le prestaron.

El mejor negocio que se ha inventado es ese de la Hipoteca Revertida y que en un 75 por ciento siempre es seguro que arroja una gran ganancia de por lo menos un mil por ciento del dinero que usted recibió por cuanto esos 50 mil dólares que le dieron no es dinero para pagar la Reversible y usted pagar sus gastos a un mismo tiempo.

El que invento ese negocio de la Reversible debe recibir el Premio Nobel de los negocios y declararlo el mejor negociante nunca antes visto y que se verá en un futuro.

La mejor idea que nos puede dar la hipoteca Revertida son, esos parques públicos de Miami y lugares de la playa, donde se ven familias con sus hijos, durmiendo dentro de los automóviles o en frazadas mugrientas en cualquier recodo del parque, o en una plaza, o a orillas del mar en una costa desolada. Yo paso todos los días temprano, por un parque que está en el Sur Oeste de Miami, donde veo esa miseria, cuando tengo que ir a mi Clínica a una consulta con mi médico. Allí, los camiones que reparten las cartas del correo, se han apiadado de esos infelices y han tomado sus nombres y les llevan las pocas cartas que reciben. Es un espectáculo digno de verse, porque esos nos ensena que más de la mitad de esa pobre gente que vive en esas condiciones son víctimas de esa Hipoteca Reversible, que han perdido su casa, que tenían pagada, por un miserable préstamo que les hicieron

Y los niños mayorcitos juegan en el parque, se cuelgan en los arboles y andan corriendo todo el día, ajenos a la tragedia del porque están en esas condiciones. Algunas veces, cuando paso por allí, le regalo algunos caramelos a los niños y veo ese espectáculo que es indigno de un país como Estados Unidos que es considerado como líder del Mundo.

Pero no puede descartarse que eso de la Hipoteca Revertida, es el mejor negocio que han inventado estos señores millonarios o dueños de negocios millonarios, que no les importa el sufrimiento de familias enteras y de niños durmiendo dentro de los automóviles en un parque, un terreno baldío o debajo de los puentes del tránsito que van para la Playa. Cuando una persona arriesga su casa, que tiene plagada después de muchos años, por veinte mil dólares que necesita para pagar deudas, impuestos y comida, no creo que tenga la solución para pagar esa Hipoteca Revertida que es el invento mas diabólico de los millonarios de este País.

Pero, ¿a quién podemos acudir para mitigar el daño que hemos recibido? A nadie, porque esto es un negocio financiero o bancario, que está permitido y respaldado por el gobierno.

Los de la Hipoteca Revertida saben que los que piden el dinero no pueden pagar y lo dan, cuando ya saben en qué condiciones esta la familia y cuantos meses lleva sin pagar la casa, ni los impuestos, y los seguros y saben también que están haciendo un negocio seguro y que la ganancia es del mil por ciento o mucho mas.

En otras partes del mundo el cerebro de los millonarios, no les dio capacidad, para un negocio de esa envergadura.

El gobierno Norteamericano ha puesto una oficina para ayudar a esos que pierden sus casas y propiedades, pero esa oficina se ha convertido en el sueño de una noche de verano, porque exige lo que no puede dar el que no tiene nada. Y estamos en las mismas condiciones.

Estados Unidos es el mayor inventor negocios, pero esto de la Hipoteca Reversible, le deben cambiar el nombre y ponerle "la hipoteca que no falla".

LOS PROBLEMAS EN ESTE PLANETA SE EXTIENDEN Y CREAN TANTOS PROBLEMAS QUE LLEGAREMOS AL FINAL DE ESTA CIVILIZACIÓN. Y DESPUÉS DE MUCHOS SIGLOS DE PROGRESO, TODO SE DERRUMBARÁ COMO UNA LOMA DE TIERRA.

La ambición de esos que fueron monos y gorilas, el Neanderthal y el Cromañón se parece a los niños que después de jugar rompen sus juguetes.

Más de una docena de territorios de este Planeta, quieren separarse y crear nuevos estados. Ya comenzó con Escocia e Irlanda, esta última no ha abierto la boca hasta ver cómo va lo de Escocia. Es posible que cundo este libro sea publicado y leído por esos revolucionarios de pistola al cinto, ya Vizcaya, Cataluña, Irlanda, Escocia y hasta La Florida, sean Repúblicas libres con asientos en la ONU, El Mercado Común y la Unión de Países Europeos y que el Planeta se convierta en un "Dale al que no te dé", como era el juego cuando éramos niños.

Zonas ubicados en selvas, desiertos y montanas, están apuntando ya por la independencia Se puede vaticinar que la ambición política de poder y riquezas, ya está haciendo pensar a esos niños quieren jugar con sus nuevos juguetes.

Veamos: En España, Inglaterra, Rusia y en otros países de Asia y Europa, extensas zonas en selvas y montanas quieren liberarse, formar sus propios gobiernos, decidir su economía, su cultura y su futuro. Zonas como los países vascos, que por siglos y hasta milenios estuvieron en el territorio de la Península Ibérica como también los catalanes que quieren ser independientes. Y me preguntó: ¿qué pueden brindar estos pedazos de tierra, al avance o mantenimiento de esta civilización? Lo único que pueden imponer es un idioma, como el vasco y el catalán, que nadie los entiende y para aprenderlos se necesitan muchos años.

Es verdad que los vascos y catalanes son industriosos y pueden presentar nuevas opciones en el comportamiento político, borrando la fama de terroristas que algunos llevan en su sangre, pero eso costaría años, vidas y muchos cementerios y lagrimas.

¿En qué forma esos nuevos países llevarían su mensaje al mundo? ¿En vasco, o en Catalán? No me hagan reír señores, que tengo el labio partido. Cada uno de los gobernantes del País Vasco o Cataluña, tendrían que tener en sus embajadas y consulados cientos de intérpretes, para traducir a los viajeros, sus leyes y los requisitos para viajar a esos nuevos países y allí prohibir hablar el inglés y el español, los dos idiomas mas hablados del mundo.

Y dentro de su propio territorio, debían prohibir hablar un idioma extraño y obligarían por medio de la ley, hablar el vasco o el catalán. Los turistas al saber esto se olvidarían de viajar a los países vascos y catalanes.

Y para completar, en esos países tendrían que imponer, en escuelas universidades y conferencias, los idiomas catalanes y vascuence.

Ellos, los países vascos y catalanes, debían quitarse la careta y decir el por qué es la razón para separarse de países como Inglaterra, y España, que la primera cultura que ofrecen es la de los dos idiomas mas hablados del mundo.

Después de este razonamiento, vuelvo a lo primero donde digo que los vascos y catalanes quieren entrar en la economía y el poder de las grandes naciones. Que su patriotismo se reduce a negocios o a implantar la dinamita y la pistola como la ley de sus estados y obligar a cientos de millones a hablar una lengua que ni ellos mismos saben de dónde viene y que otros países del mundo no la hablan. Con estas culturas decidiendo algo en el Planeta, estaríamos como en un gallinero. ¿No les basta a los vascos, catalanes, irlandeses y escoceses, obligar a sus gobernados a hablar idiomas que solo entienden en sus territorios?

Banderas de todos los países del mundo en 2015

136

LA LIBERTAD DE PRENSA EN
RADIO MAMBÍ Y UNIVISION.

Yo acostumbraba a ir una vez cada dos días a la emisora Radio Mambí, a grabar mi comentario, pero uno de esos días tuve una sorpresa desagradable que la tengo grabada en mi memoria:

Una mañana Armando Pérez Roura me dijo, que tenía una reunión al día siguiente con él y como Claudia Puig, la administradora. Le pregunte, ¿Para qué esa reunión? Y me respondió, no se pero debes estar aquí a la una del día.

Al día siguiente llegue a la emisora y le pregunte a Pérez Roura, ¿Ya estamos listos para la reunión? Y me respondió, dentro de un rato me llama Claudia. Espere casi por una hora y me llamo y me dijo: "vamos al salón de conferencia". Lo acompañé y allí me encontré con una situación desagradable: "Allí estaban el Alcalde de la Ciudad de Miami, Manny Díaz y el administrador de la Ciudad Arriola" Yo pregunte, ¿ y para qué soy bueno en esta reunión con gente tan importante? Y Armando y Claudia, casi al mismo tiempo, me dijeron "Llano, queremos que te disculpes ante estos señores por los comentarios que le has dicho de ellos últimamente"

Les hice la pregunta a Armando y Clauda, ¿de qué cosa me tengo que disculpar? Y me respondieron casi al mismo tiempo, "de los que has dicho del Túnel y de la Isla de Watson".

Yo me quede frío ante la pregunta tan fuera de forma y les pregunte a ellos ¿y de qué tengo que disculparme señores Arriola y Manny Díaz? Y casi al mismo tiempo, Arriola me dijo: por la que usted dije del Túnel, de que había corrupción de nuestra parte.

Yo no tengo nada de que disculparme, los que se tienen que disculpar son ustedes que al parecer no hacen bien las cosas y la hacen por la gratificación que reciben. Yo pude averiguar que el millonario Hindú, Memeth Baraytar compró una parte importante de la Isla Watson y ustedes le dieron el camino para hacerlo. ¿Eso fue de gratis, por bondad, por ayudar al contribuyentes? esa pregunta debían contestármela. Y más tarde, le dieron un pedazo de tierra a la Isla, supuestamente comprado por dinero, ya que el Parque de las Cotorras vendió sus cuatro acres en la mejor parte del Sur del Condado, que le habían costado siete mil dólares hace cuarenta años, en más de treinta millones de dólares.

Yo no creo que eso haya sido por un acto de caridad, un deseo de cambiar el ambiente de la Isla, ni nada por el estilo. Ustedes saben porque lo hicieron y yo no tengo que disculparme de nada...

Arriola me respondió, yo no tengo que darle cuentas a usted de lo que hacemos, y le respondí, "pero si a los contribuyentes de esta Ciudad y del Condado".

Además, agregó, usted cada vez que me menciona por Pepito y ese no es mi nombre. Le respondí, "Pepito es un diminutivo del nombre y eso no es ofensa ninguna".

"Usted lo que es un cínico, me dijo Arriola". Y yo le respondí, "Mire Sr. Arriola, yo estoy seguro que usted no sabe lo que quiere decir la palabra Cínico y se lo voy a ensenar". Le dije,. "La escuela de los cínicos, existía entre los sabios de Grecia y uno de los directores fue el sabio Aristófanes" y el significado de la palabra cínico, es para las personas que dicen la verdad. Así que le doy las gracias señor Arriola, por haber comprendido que yo estoy diciendo la verdad".

Mientras tanto, Manny Díaz, estaba parado junto a Arriola, como si fuera una estatua, no hablaba y de pronto dijo, mirando su reloj: "tengo algo importante que hacer y se terminó la discusión y no me disculpe, ni me iba a disculpar ante esos dos políticos.

Armando Pérez Roura, se levantaron de su asiento, con la cara que parecían salir de un velorio y dieron por terminada la reunión.

A los pocos días hicieron otro acto de disculpas y al que tenía que disculparme era nada menos que Max Lesnick, que todos conocemos y eso duro menos de medio minute cuando yo dije: Y ustedes Armando y Claudia me traen a mí para disculparme de este señor y di la espalda y salí de la sala de conferencias.

Y para poner la tapa al pomo, un día en los pasillo Armando me dijo:

"Llano, no menciones mas a Sergito Pino, sin decirle más nada, solamente le dije, bueno…"

Y nadie puede dudar que Radio Mambí y Univisión Radio, ofrecían a su público el cumplimiento de la Primera Enmienda de la Constitución sobre la libertad de prensa, de opinión y religiosa.

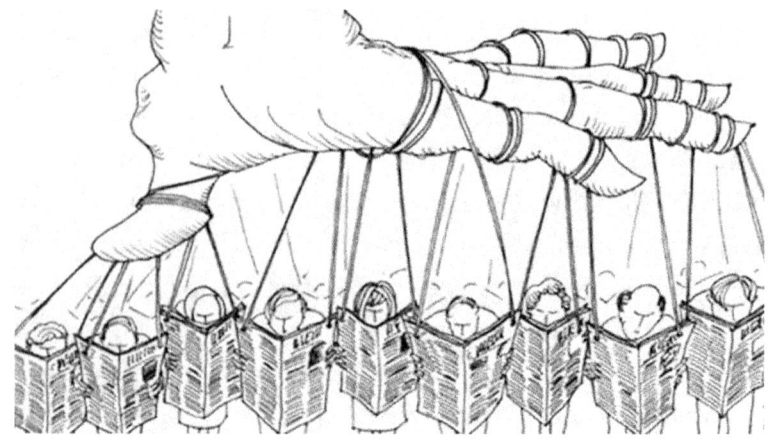

Caricatura en contra de la manipulación de las masas y a favor de la libertad de expresión.

COMO ME LO CONTARON SE LOS CUENTO: INFORMACIÓN RECIBIDA DESDE ILLINOIS, POR EL PERIODISTA INTERNACIONAL HIPÓLITO VERDUGO: SE TRATA DE ALGO PARECIDO A LA REBELIÓN DE LA GRANJA.

Me dice el amigo Hipólito Verdugo, que las relaciones entre Manny Díaz, ex Alcalde de Miami, y su Segundo al mando Arriola, que administraba la ciudad, se pusieron a punto de tirarse la bomba atómica.

Para que nuestros lectores tengan más información, Hipólito Verdugo era Director del "Heraldo Hispano", un periódico que se trasmitía por el internet o se sigue trasmitiendo.

En todos los grandes negocios estaban juntos Manny y Arriola: los actores de este drama. Historia del caso: según Hipólito Verdugo:

La famosa venta de la Isla de Watson al millonario Hindú, Memeth Baraytar, el traslado del Parque de las cotorras, para un terreno situado en la Isla de Watson, junto al mar. La venta de los cinco acres en lo mejor de South Miami a un urbanista en 20 millones de dólares y la repartición final de ese dinero, entre el propietario que pago a diez mil Dólares el acre y lo vendió en millones:

Pues bien, el espacio donde está actualmente el parque de las Cotorras, Parrot Jungle, se los arrendaron a este mismo parque, "para que una cosa histórica no desapareciera de la historia de la Ciudad de Miami. Los que hicieron eso fueron los más poderosos de la Ciudad de Miami, su alcalde Manny Díaz y su administrador Arriola.

Me dice Hipólito Verdugo que cinco millones de dólares, fueron al bolsillos de Manny y Arriola y regalías a los comisionados y a personas de categoría en la ciudad por otros dos millones.

Pero esa historia quedo como el cuento de una Noche de Verano a lo que ocurrió después.

Veamos: el hijo de Arriola, era y es una de las personas de más confianza en el entorno del Presidente Barack Obama. Fue su amigo cuando Obama no era nadie, lo ayudo en la política y llego a Senador. Después se reafirmo la Amistad y fue quien le dio le dijo que aspirara a Presidente de Estados Unidos, partiendo de la idea que le metió en la cabeza, de que los negros, los hispanos y la juventud Americana lo iba a elegir.

No sabemos qué posición le dieron a Arriola, ni de qué gran negocio forma parte, pero según Hipólito Verdugo, el hijo de Arriola, es el hombre de más confianza junto al Presidente y ha quedado probado según lo que me contó Hipólito: Veamos, por otras Fuentes ajenas a Obama, lo que ocurrió: Arriola supo que iban a nombrar Ministro de Comercio a su antiguo amigo y jefe, el Alcalde Manny Díaz.

En ese momento, no se sabe que problemas habían tenido, Arriola y Manny, pero se odiaban a muerte. Pero Arriola, por conducto de su hijo, el más cercano en la Amistad con el Presidente, le dijo al Presidente que nombrar en esa posición al ex Alcalde Manny Díaz, iba a ser un error que le iba a costar caro. Y el nombramiento se frustro y Manny Díaz se quedo con la pucha de flores en la mano.

Me dijo Hipólito que en esa historia, jugó un papel importante la esposa de Bill Clinton, Hilary la de mas poder en el gobierno después del Presidente.

Y el nombramiento de Manny Díaz, como Ministro de Comercio, quedo enterrado, sin flores, en el cementerio de la historia.

Pero corriendo el tiempo, un hijo de Arriola, compro el Bank of Miami y sus siete sucursales en varios millones de dólares, más de 30 y le puso el nombre de Apollo Bank of Miami. El dinero para esa compra, le costó días de trabajo y desvelos al joven Arriola. El sacrificio de él y su padre en el peligroso oficio de la política en Miami, le había dado pequeños resultados.

Ejercer la política en Miami y la Florida y en el resto de Estados Unidos, es de mas sacrificio que el de aquellos exploradores que se internaron en los hielos para descubrir el Polo Norte.

LA JUSTICIA EN MIAMI: NUMERO UNO EN LA DISCRIMINACIÓN.

El mayor problema que tienen los vecinos de Miami y en el resto de E.U. es la discriminación ante la justicia. Si usted tiene 70 años o más, usted es el culpable en un caso de automóviles, si alguien le sale al camino y lo arroya o si tiene un choque. Por cualquiera de estas cosas en el transito, usted es culpable. No importa si el otro chofer venia corriendo, borracho o se había fumado una marihuana: usted es el culpable. La justicia, la policía, y los tribunales, lo condenan por la edad, cosa que se ha convertido en una costumbre y en una discriminación.

Si usted va manejando y uno de esos que convierten las calles de Miami en autopistas lo choca. Ante la policía, que está viendo su edad en la licencia de manejar, lo más fácil es que le den el ticket a usted y que cuando vaya ante el juez lo condenen a una multa y le quiten la licencia de manejar. En Miami y Estados Unidos, la discriminación con la gente mayor, es algo que forma parte de la ley: el que tiene licencia de manejar y más de 70 anos, es ya un culpable ante la ley del tránsito, ante los seguros y ante la policía. El seguro del carro le cuesta el doble que a un jovencito de 20 anos, que maneja a

144

velocidad, se fuma dos o tres marihuanas todos los días, o toma ese ron barato en los bares con sus amigos. Para la persona mayor, sacar su licencia de manejar le cuesta Dios y ayuda y una buena cantidad de dólares.

Y hay policías abusadores que le faltan el respeto y se quedan con su licencia y la chapa del carro y envían su vehículo a un almacén o garaje donde le cobran veinte dólares diarios, cuando usted lo va a sacar y si demora muchos meses y no tiene el dinero para sacarlo, ellos se quedan con el carro y lo venden. Y si usted tiene más de 70 anos y no trabaja, es la victima perfecta para ser un cliente de esta estafa, amparada por la ley.

Ser un Viejo en E.U. o pasar de los 70 anos, usted es un apestado, no tiene ningún derecho ante la ley y por cualquier falta lo arrestan y le quitan su propiedad y su automóvil. Vean la lista de los ciudadanos de Estados Unidos que el Reverse Mortgage, le ha quitados sus casa, por un pequeño préstamo que le hicieron, por la mitad del valor de su residencia, por el 10 por ciento o en muchos casos por una suma ridícula que usted necesitaba para pagar los impuestos a la propiedad o para hacer arreglos en su casa.

La edad ante la justicia, en el transito, es ya una condena y si alguien me quiere demostrar lo contrario yo tengo en mis manos los casos de miles de ciudadanos que han perdido su casa o su automóvil, por estas leyes que amparan a los grandes tiburones de las finanzas o a los policías abusadores.

Estados Unidos es el país de las maravillas y por eso en algunos parques públicos de Miami, muchas familias duermen dentro de su automóvil con sus hijos, porque han perdido sus casas por haber caído en manos de la Reverse Mortgage.

Oros miles de ciudadanos de la tercera edad, pierden sus licencias de manejar o su automóvil, por la decisión de policías y jueces que ven a las personas de más de 70 anos, como un enemigo fácil para llevarlos a la peor condición de su vida en Estados Unidos: perder la licencia de manejar es algo parecido a perder la vida.

No todos los jueces del tránsito lo hacen, pero sí un 75 por ciento de ellos caen en las manos de la discriminación de jueces y policías que dicen representar la ley.

Al parecer los jueces y los policías de hoy, son los que tienen en sus manos la vida y la economía, de nuestros ciudadanos de más de 70 anos, que son discriminados en el transito y robados por organizaciones que tienen el respaldo de la ley.

Algún día tienen que llevar ante la justicia a los culpable de estos delitos que amparan la ley y los jueces, bajo el pretexto de la edad o de haber caído en manos de la Reverse Motgage.

Manejar en Miami no es un lujo para las personas mayores, es la primera de sus necesidades, para trasladarse de un lugar a otro para ver a su familia en una de las regiones de la ciudad, que está a veinte millas de su casa.

Hablan de la bondad del transporte público, existe y llena una necesidad, pero los que tienen que depender de ese transporte público, se mueren esperando un ómnibus o tienen que confiar a sus pies las enormes distancias en que hay que movilizarse en Miami. El Transporte Público en Miami fue organizado cuando los perros se amaraban con longanizas, pero en la época actual es un desastre de gigantescas proporciones.

Esperando un ómnibus en una esquina, en horas de la noche, lo pueden convertir a usted en un huésped de un cementerio, o se puede quedar sin nadas en los bolsillos.

Estamos a las buenas de Dios y de los santos del paraíso.

LA VERDAD DE LA MUERTE DEL COMANDANTE CAMILO CIENFUEGOS.

En honor a la verdad tengo que decir que el supuesto asesinato de Camilo Cienfuegos por Fidel Castro es la mentira más grande que se dicho en este exilio de tantos mentirosos, corruptos e imbéciles. La historia verdadera yo la viví desde un avión con Marcos Díaz Lanz, el hermano de Pedro Luis Días Lanz, que era el Jefe de la Aviación Militar de Fidel Castro.

Camilo estaba en Camagüey junto a la Plana Mayor Castrista, un día que Hubert Matos, había fusilado en un camino real, a más de ochenta personas, de todas las edades.

Yo personalmente vi el reguero de cadáveres. Se hizo bajo las órdenes de Hubert Matos y en nombre de la revolución "patriótica" de Fidel Castro.

Por ese entonces yo era Jefe de Relaciones Publicas de la Aviación Militar, nombrado por Pedro Luis Díaz Lanz, su jefe que era amigo mío y regresando por carretera de Santiago de Cuba a La Habana, pude saber que Fidel Castro estaba en Camagüey. Durante el viaje de regreso a La Habana, yo había visto, en un camino real por informes de un campesino, un reguero de más de ochenta cadáveres de personas que habían sido fusiladas por Hubert Matos.

Entonces, para conocer los detalles de esa matanza, me quede en Camagüey y fui a la Jefatura del Ejército, suponiendo que Hubert Matos estaba allí y saber por qué había ese reguero de muertos en el camino real que yo había visto en la carretera.

Cuando llegue a la jefatura allí estaba Fidel Castro, quien me saludo y pensé en que en vez de a Matos, yo debía pedirle explicaciones a Fidel de ese reguero de muertos en un Camino Real.

Allí estaban Fidel Castro, Hubert Mato, Camilo Cienfuegos y oficiales y soldados. Cuando Fidel me vio me dijo: "Llano Montes que haces por aquí". Yo dije que venía en mi carro desde Santiago de Cuba y aproveche el momento para preguntarle por un reguero de cadáveres, más de ochenta o cien que había en un camino real a orillas de la carretera. Y con un sonrisa en la boca me respondió: "Es que Hubert Matos está limpiando a Camagüey de gusanos y no tuvo tiempo de recoger los cadáveres y echarlos en una fosa, para evitar que los enemigos de le revolución tengan armas para atacarnos".

Yo me quede callado y la pregunte y que" estas hacienda tan lejos de La Habana" Y me respondía: "es que hay que meter en cintura a los enemigos de la revolución aquí en Camagüey que son muchos y tenemos que atajar el mal, antes de tener que lamentar".

Yo me quede callado y le pregunte, ¿cuando regresas a La Habana? y me respondió: "estoy aquí porque es necesario que Camilo este en La Habana en menos de dos horas y ya tenemos resuelto el problema. Aquí hay una persona que va en su avión para La Habana y me ofreció llevar a Camilo Cienfuegos

El avión donde iba Camilo Cienfuegos, salió para La Habana. Todavía yo estaba allí y vi cuando Fidel y Camilo se fueron aparte y hablaron.

Eso día había una tormenta sobre la Isla de Cuba y cubría Camagüey y parte de Santiago de Cuba y Las Villas.

El avión que llevaba a Camilo despego desde Camagüey y al entrar en Las Villas se topo con una fuerte tormenta. El piloto se comunico con la Torre de Control del Aeropuerto y le pidió instrucciones. Le dijeron que volara hacia el Sur y se fuera por el Sur de Las Villas y entrara por el mar en la provincial de La Habana. El piloto se dirigió hacia el Sur de la Tormenta y voló buscando un paso en la tormenta que le permitiera volar hacia el Sur de la provincial de La Habana y por más que lo intento no lo encontraba voló entonces más hacia el Sur de La Isla y pasó por encima de Isla de Pinos y no podía esquivar la tormenta. Al Sur de Isla de Pinos, decidió regresar a la Isla de Cuba para ver si se había despejado allí la tormenta y al mirar el panel de instrumentos pudo ver que la gasolina estaba a punto de terminarse. Trato en vano de encontrar un punto de aterrizaje, cosa imposible porque estaba volando entre Isla de Pinos y Grand Caimán.

En la fuerza Aérea de Cuba, salieron aviones en busca del avión donde venia Camilo Cienfuegos y entre esos aviones uno donde íbamos Marcos Díaz Lanz y este periodista. Volamos sobre el mar entre isla de Pinos y Cuba y sobre toda Isla de Pinos y sobre el mar, entre Isla de Pinos y Grand Caimán, y a los10 o 15 minutos de vuelo desde la Costa Sur de Isla de Pinos, Marcos Díaz Lanz le dijo al Piloto, "" baja hacia esa mancha grande que hay sobre el agua"" y bajamos y se saco en conclusión de que allí había caído el avión donde venia Camilo Cienfuegos y el amigo que lo regresaba a La Habana.

Esto que acabo de contar lo viví y nadie me lo puede discutir. Es lamentable que Marcos Díaz Lanz, el hermano del Jefe de la aviación este muerto, porque no me dejaría mentir. Y lamentablemente Pedro Luis Díaz Lanz está muerto también. Y digo así, porque de los comandantes de Fidel Castro, uno de los pocos que era un verdadero patriota era Pedro Luis.

La torre de Control del Aeropuerto de Camagüey, que le dijo al avión donde viajaba Camilo Cienfuegos, que evadieran la tormenta volando hacia el Sur, puede haberse equivocado. Como también el piloto de la nave que no vigilo que no tenía combustible para ese viaje.

Yo no tengo porque mentir ni inventar nada en relación con la muerte de Camilo Cienfuegos, solamente decir la verdad que ha sido ocultada o falseada. No gano nada con decir esta historia, que libera a Fidel Castro de la muerte de Camilo, pero no se puede, sabiendo que es una mentira, quedarse con la boca cerrada. Fidel ha matado miles de infelices, pero no mato a Hubert Matos, aunque también Hubert mato a miles de infelices. Yo creo que la voluntad de Dios puso sus manos en este asunto

Y como se los cuento así es y el Dios que esta allá arriba sabe que no estoy mintiendo, ni inculpando a Fidel de esa muerte. En el total de cuentas, Fidel Castro ha matado a miles de infelices, que importa un muerto mas, que también fue el autor de ese reguero de muertos que vi en el camino Real en la provincia de Camagüey y que le acreditaron a Hubert Matos.

Camilo Cienfuegos, Fidel Castro y Hubert Matos.

MORIR ES LA META FINAL. PERO MORIR EN MIAMI CUESTA 20 MIL DÓLARES COMO MÍNIMO.

La vida y lo muerte es algo que tiene una gran diferencia: el vientre de una mujer, una comadrona, o un hospital. En la otra parte un hueco en la tierra, una caja, policías, funeraria, un pastor que diga a los familiares y amigos, quien era el muerto, sus valores en la vida y los llantos de sus familiares.

Lo primero que tiene que hacer una persona, que viva en Estados Unidos es comprar un terreno en un cementerio. Si lo compra a plazos, le cuesta un ojo de la cara y si lo compra de contado, le cuesta el otro ojo.

El que tiene el terreno tiene que cortar la hierba todos los meses. Cuando él o un familiar muere, abrir el hueco, que tiene un precio y taparlo, con su propia tierra, la que usted pago, que tiene otro precio.

Una persona pobre, que vive de un sueldo, no puede darse el lujo de morirse y ser enterrado como un ser humano, tiene que disponerse a escoger el fuego, ser quemado como el indio Hatuey y depositar sus cenizas en un frasquito y guardarlas de recuerdo. Esas cenizas tienen un precio que usted tiene que pagar.

Pero para morir con cierta decencia, usted tiene que disponer de algunos centavos algo así como veinte mil dólares, escogiendo lo más barato. El servicio para un millonario, no podemos saber los datos, pero creo que triplica o cuadriplica al de una persona pobre.

Observen que ninguna ciudad tiene, entre sus deberes, enterrar a sus ciudadanos. Eso usted no lo verá en ninguna ciudad de Estados Unidos.

Las funerarias y los cementerios operan como las grandes corporaciones de los grandes negocios. Allí no valen las lagrimas, el dolor, la tristeza de un hijo muerto o cualquier miembro de una familia. Allí lo que vale es el cash, como se dice vulgarmente.

Hasta ahora no hemos sabido de algún condado, ciudad o estado que ayuda a enterrar a sus muertos. Ese negocio, que deja más dinero que el petróleo, no se lo dejan quitar los que lo tienen.

Los acres convertidos en cementerios dan más dinero que los pozos petroleros, las fincas de Ganado o cualquier otra corporación de negocios.

Veamos cuales son los gastos de enterrar a una persona. Un amigo mío, que no es millonario, ni se aproxima a rico, tuvo que enterrar a un hijo, en la forma más modesta y le costó un aproximado de veinte mil dólares.

En estos momentos, morirse con un poco de decencia, en cualquier ciudad de Estados Unidos, es una carta de triunfo y en Miami un milagro.

LOS AVIONES QUE VUELAN SOBRE LA ISLA DE BIMINI EN HORAS DE LA MADRUGADA EL AEROPUERTO INTERNACIONAL DE LOS CONDADOS DADE Y MONROE, A DONDE NUNCA HA LLEGADO UN PASAJERO. DETALLES DE ESTOS MISTERIOS

En algunas ocasiones, durante el año, yo iba a pescar a Bimini, una pequeña isla del Archipiélago de Bahamas, que queda a 20 o 25 millas de la costa de Miami. Iba de noche que es cuando más se pesca y salíamos de Miami en horas de la tarde y comenzando a oscurecer ya estábamos en el pesquero, en un pequeño golfo, entre pequeñas islas y aguas que rodean a Bimini.

Nos fondeábamos en una pequeña bahía, rodeada de pequeñas islas, donde la pesca era Buena. No recuerdo el nombre del amigo que iba conmigo, pero era la primera vez que me acompañaba. Cuando le dije que íbamos en una lancha Boston Whaler de 17 pies, los pelos se le pararon de punta y me dijo, "tú estás loco". En un bote tan pequeño nos estamos jugando la vida". Te quieres apostar le dije, cien dólares a que llego a Bimini en dos horas, partiendo desde la costa de Miami. Y le agregue Bimini está a un poco menos de veinte millas de Fowy Rock, cosa que puso en dudas.

"No te creo", me respondió, eran las cinco de la tarde, yo pensaba que estaríamos en Bimini oscureciendo y lo pensaba porque el mar estaba como un plato y yo podía llevar la lancha a velocidad y así fue. Casi cuando se ponía el sol, estábamos frente a Bimini. Todavía había claridad, lo que nos permitió, ir a un pequeño golfo rodeado de Islas pequeñas y cayos, donde la pesca era Buena y allí echamos el ancla para esperar la noche. En esa espera preparábamos los avíos de pesca y todo listo.

Nos fondeamos en una pequeña caleta, a treinta pies de la costa y allí tiramos los anzuelos cuando llego la noche. Encendimos una luz dentro del barco, un farol, y nos quedamos esperando que fuera más tarde.

Estábamos a una milla o menos de Bimini, la Isla Grande. Y allí esperamos la noche cerrada. Cuando comenzamos a pescar, el amigo que me acompañaba saco un pargo de casi veinte libras y me comento, esto sí es un buen pesquero. Vale la pena hacer el esfuerzo y llegar aquí.

Ya era noche cerrada cuando teníamos dos pargos, varias cuberas y media docena de pescados de regular tamaño. Mire el reloj y eran las doce de la noche y decidimos comer algo. Sacamos un sándwich que llevábamos, con un refresco frío y comimos y nos sentamos ver la noche de luna que alumbraba todo alrededor. Algunos barcos grandes, en la lejanía, estaban fondeados y los podíamos ver por sus luces.

Seguimos pescando y cuando mire el reloj, que ya me sentía cansado, era la una de la madrugada. Le dije al amigo, "basta de pesca, vamos acomodarnos con los salvavidas y las mantas y dormir un poco. Cuando todavía no entre en el sueño profundo, sentí el ruido de un avión a pequeña distancia y desperté a mi amigo y le dije, hay un avión dando vueltas a poca altura, observa.

¿Y qué estarán buscando? me pregunto y le dije: en un rato te lo digo.

Y a la media hora, que ya mi amigo se había dormido, lo desperté y le dije, mira el avión está volando bajito. Pudimos ver como desde el avión cayó un bulto al agua y como varios botes, remando, recogieron los bultos. No hagas ruido, le dije y te voy a decir en algún momento lo que está ocurriendo. Otro avión descargando otro bulto y el mismo avión cambio el rumbo y se veía como lanzaba otros bultos al mar y de entre las pequeñas islitas salían botes y recogían los bultos y se dirigían a los Yates grandes que estaban fondeados por allí.

Al poco rato le dije al amigo, "vámonos de aquí y no prendas el farol que si lo haces podemos ir para el otro mundo. ¿Qué está pasando? me dijo y le respondí, ese avión está tirando bultos de drogas y los que lo recogen se los llevan a los otros barcos grandes que está en la otra parte de las islitas. "Como así, me dijo y le respondí, como lo estás oyendo, enciende el motor sin hacer el menor ruido y vamos a la contraria de donde vuelan los aviones y si es posible escondidos detrás de la maleza de esos cayos. Y así lo hicimos y llevamos el motor a su más bajo rendimiento para evitar el ruido y nos largamos de ese lugar, que podía habernos costado la vida.

Y regresamos a Miami y ya el sol alumbraba cundo doblamos Faro Rock y entramos en la bahía, al llegar a la rampa, montamos el bote en el tráiler y nos fuimos como alma que se lleva el Diablo.

Y ese misterio, que es misterio para miles de personas, pero no para mi, sigue ocurriendo y nadie se da cuenta, ni piensa que existe.

Y no sé si la fiesta sigue pero ahora, ante mayor vigilancia, se sigue hacienda. Que yo personalmente creo que sigue, porque en esa fiesta intervienen también algunas autoridades corruptas de aquí y de allá.

Foto aérea de la isla Bimini.

UN AEROPUERTO INTERNACIONAL A DONDE NO ATERRIZA NINGÚN UN AVIÓN Y LOS PASAJEROS SON FANTASMAS, UBICADO ENTRE DOS CONDADOS: MONROE Y DADE.

En el límite de los Condados Dade y Broward, existe un aeropuerto Internacional, donde no aterrizan aviones de pasajeros, ni se ve un alma en todos su gran dimensión. Pistas para grandes aviones, los más grandes, pues tienen más cabida que los del aeropuerto de Miami, cercado, rodeado de bosques y a una o dos millas de la carretera, está ubicado el Aeropuerto Internacional de los Condados Dade Y Monroe.

¿Quiénes fueron los cerebros maravillosos que lo hicieron, con qué fin lo hicieron, porque en un lugar tan lejos de Miami y tan escondido entre bosques? Y su nombre es aeropuerto internacional de los condados Dade y Monroe.

Ese aeropuerto Internacional esta a unas veinte millas de Miami y con él se podría hacer un aeropuerto moderno, el mejor de Estados Unidos. Los Condados Dade y Monroe, se gastaron millones en hacer ese aeropuerto, en medio de una selva y a veinticinco millas del lugar más poblado de esos dos condados.

Los promotores de esa idea, saben porque lo hicieron. Para hacerlo faltaban millones y los pusieron, ellos saben porque, y de dónde sacaron esos millones. Pero en toda el área de ese aeropuerto no se ve una persona, ni un avión. Solo en la noche, de madrugada, aterrizan aviones pequeños que se van a la hora de haber aterrizado. Los que manejan el aeropuerto, que no pasan de tres personas, saben el por qué. Durante el día no vuela ni un Aura Tiñosa, sobre ese aeropuerto. Todo es calma y soledad. Ningún aeropuerto del mundo lo iguala y los pasajeros son imaginarios, por lo que se puede ver.

La soledad es la característica de ese aeropuerto, entre bosques, y alejado de la carretera. Cuando usted viaja por la carretera, no lo puede ver por los bosques donde está metido y a una milla de distancia. Este Aeropuerto podría servir para una novela de misterio.

Para saber el objetivo de este Aeropuerto Internacional, cuyas pistas de aterrizaje les puede dar envidia a cualquier aeropuerto de Estados Unidos y de Europa, hay que hablar con los que hicieron el proyecto y los que pusieron el dinero y de donde salió ese dinero y se podrá saber todo el misterio que rodea esa obra.

Yo he entrado muchas veces en el aeropuerto, y muy pocas veces he visto un automóvil allí. Eso sí, hay muchos carteles advirtiendo que no entren y que para hacerlo hay que ser una autoridad o tener un permiso de los fantasmas que son los propietarios de ese aeropuerto fantasma.

En las muchas veces que viniendo de otros condados y que pare junto a las cercas del aeropuerto para almorzar alguna comida que había comprador en el camino, todo era tranquilidad, silencio, ni un ruido, me molestaba. En alguna ocasión entraba un carro de curiosos, con su chofer, una mujer, seguramente la esposa y dos hijos jóvenes, que veían el aeropuerto fantasma y a los pocos minutos se iban.

Me llamo la atención, que una parte del frente del aeropuerto pegada a la carretera del costado del aeropuerto, estaba llena de esos carros que los cazadores usan para entrar a los bosques y los Everglades. Pude averiguar después que esos carros tenían que pagar por estar allí, a la persona o personas que vigilan o controlan el aeropuerto, una cantidad de dólares que pasaba los cien y no sé cuanto más.

Tengo que decir que la tranquilidad que se advierte junto a ese aeropuerto, da ganas de comer y de dormir. La soledad es infinita y nunca se ve un alma por los alrededores, todo es silencio y nada molesta su presencia.

Yo le puse el nombre del Aeropuerto Fantasma y cuando quiero tranquilidad voy a verlo. Ir por la noche y madrugada, ni estando loco se me ocurriría, porque yo me imagino que de ahí al cementerio habría una pequeña distancia, en el supuesto de que te enterraran en un cementerio, o en el medio del bosque que rodea el aeropuerto.

No hay que tener mucha inteligencia para saber que el aeropuerto funciona de madrugada y los aviones que aterrizan dejan la mercancía,. cualquiera que sea y levantan vuelo a las pocas horas, o en pocos minutos cuando salgo de Miami y llego a la entrada del Aeropuerto Fantasma, ya he recorrido muchas millas y para encontrar alguna población de importancia tengo que manejar 25 o 30 millas.

Es un espectáculo digno de verse, porque entra entre los grandes misterios que surgen en ciudades y territorios del Sur de La Florida.

No hay que haber ido a la escuela, ni tener mucha inteligencia, para imaginarse el resultado final de la construcción de este aeropuerto, que ya resulta obsoleto, por cuento su enorme distancia y la soledad de sus alrededores, para pensar que esa soledad y esa distancia no es para nada bueno y si, para poner un misterio mas en las cosas que ocurren en Miami y el Sur de la Florida.

Y si hablamos de misterio, en una ocasión en que yo iba a ver a mi hijo que "vivía" en un población cerca de Tampa, bajando por la carretera 41, ocho calle del South West de Miami, acompañado de una amiga que no recuerdo su nombre, pero creo que regreso a su país de origen me ocurrió algo que no le ocurre a todo el mundo. Yo soy curioso, es una manía que tengo, una vez que iba por la carretera, llevaba en un cartucho una merienda de almuerzo para mí y la acompañante y le dije: "vamos a parar en un lago muy lindo a media milla de la carretera, que yo creo que es un parque, está a dos kilómetros. Y para allí fuimos a almorzar y ver el paisaje. Cuando doble la curva y entre a una distancia del lago, pude ver un carro con las puertas abierta, y me llegue hasta allí para ver quiénes eran y cuando llegue al lado del carro, vi a su alrededor un montón de billetes de dólares, estaba en lo alto del lago y no me podía ver nadie que estaba en el lago. Y le dije a mi acompañante, vamos a irnos rápidamente porque aquí ha pasado algo que no me gusta y le dimos la vuelta al carro para irnos por donde entramos y le dije a mi amiga, voy a recoger algunos billetes y lo hice y me los metí en el bolsillo y salimos disparado hacia la carretera. Yo iba como alma que se lleva el diablo y en vez de ir por el camino que habíamos tomado para ver a mi hijo, tome la carretera de otro condado y seguí a toda velocidad. En mi mente yo pensé lo que había pasado: gente del hampa que robaron un banco o eran traficantes de drogas, y mataron a una persona junto al laguito, donde habíamos estado y la lanzaron al fondo del lago con una piedra amarrada al cuello. No sabía si el reguero de dólares, era por el asalto a un banco, por alguna venganza entre traficante de drogas, en realidad no sabía lo que había pasado, pero lo que si sabía es que era algo fuera de la ley y que el hecho de que nosotros estuvimos allí y nos vieron, es el resultado de mi velocidad y cambiando de una carretera a otra y de un condado a otro. Fuimos a parar a la U.S. One, al cabo de cuatro horas subiendo y bajando y tomando carreteras que no conocíamos.

Yo me imaginaba que nos estaban siguiendo y cuando entraba en un Condado por una puerta salía por la otra y daba marcha atrás en contrario a donde venia. Y cuando me salía una carretera el camino, que tomaba después de 10 millas la abandonaba, fue así como al cabo de cinco horas pude llegar a la U.S. One y doble hacia la costa y alcance la carretera hacia el Sur, hacia Miami. No creo que un chofer, por muy bueno que fuera podía saber por donde yo estaba.

Me recuerdo que en una ocasión, cuando entramos a una carretera que había que pagar, saque un billete el bolsillo y se lo dio al cobrador y este me miro fijo y me dijo: "Usted se está burlando de mi". Y yo le pregunte, ¿por qué usted me dice eso?. Y extendiendo la mano con el billete que yo le había dado, que saque de mi bolsillo, y que recogí junto al carro del laguito pude ver que era un billete de mil dólares. Y se me erizaron los pelos de punta, pensando que si nos seguían y nos alcanzaban íbamos para el cementerio. Al salir del cobrador de la carretera, me registre el bolsillo y solamente habían billetes de a cien y yo había recogido cinco con el de a mil.

Cuando llegue a Miami le dije a mi amiga, hemos salido con vida de esta aventura de milagro. Ella no sabía que habíamos tropezado con un grupo de mafiosos que habían secuestrado a alguien y por eso teníamos que poner millas por el medio.

Al día siguiente de mi llegada a Miami, fui a ver a mi amigo Amadeo López Castro, propietario del First Bank of Miami y le ensene el billete y me dijo vamos a ver si es legitimo y si lo es yo no te lo puede cambiar, porque los billetes de esa denominación, están registrados por el nombre del que los compra y por los números del billete. Y cuando regreso me dijo: "el billete es bueno y si lo encontraste en algún lugar o te lo dieron, mira a ver donde lo escondes o bótalo al mar.

Y cuando le dije de qué forma lo había tenido, me expreso: "por algo te dije que debíamos quemarlo, porque ese billete si no está registrado en un banco a tu nombre te puede crear un problema bien grande. Y no sé lo que hice con el billete, pero lo escondí tanto, que se me olvido donde lo puse.

Y eso me demostró, que yo hice bien en alejarme del lugar, porque seguramente el billete era el producto de un robo o un crimen, por la forma que me contaste, me dijo Amadeo.

Y más nunca vi un billete de mil dólares en mi mano.

LOS ESTADOS UNIDOS HISPANOS.

Esa fue una gran idea del Presidente de México Don Venustiano Carranza en el mismo siglo o unos años después de que los Estados Unidos fuera fundado, incluso con sus más grandes estados de origen hispano incluidos en su geografía.: California, Nuevo México, Nevada, La Florida, Texas y otras tierras fundadas y desarrolladas por España.

Don Venustiano Carranza era un hombre inteligente y sus ojos veían mas allá, cuando dijo: "Debemos unirnos como lo hemos estado haciendo durante la lucha (La revolución interna) para que en la época de paz y reconstrucción, podamos llegar a la meta de nuestras aspiraciones logrando del engrandecimiento de toda la América Española, porque a esta la forman naciones que por su poca significación, no han ocupado todavía el lugar distinguido que les corresponde en el progreso de la humanidad. Digo sobre todo de la América Española, porque a esta la forman naciones que por su poca significación no han ocupado todavía el lugar distinguido que les corresponde en el progreso de la humanidad" Y pregunto: ¿Desde cuando no se menciona a la llamada

América Latina como lo que es, o sea como América Española? El camino se hace al andar, dirán otros.

El solo hecho de hablar de América Española, sigue diciendo Carranza y no de América Latina, concepto fraguado en París o peor todavía, en Indo América, aberración que avalan los agentes yanquis, coloca al Presidente de México Carranza a nivel de los hombres capaces de intuir que existe un mundo hispano americano con problemas económicos semejantes, con identidad de destino cultural y dicho sea de paso, con problemas económicos semejantes, con identidad de destino cultural y también con el perfil de una gran nacionalidad. Dentro de esa nacionalidad, cabe, por supuesto España, que solo tiene significación como provincia hispanoamericana, al nivel de México, de Chile y de Perú. Ser naciones hispanas o ser hombres hispanos, es algo de lo más importante que se pueda ser hoy." Todo lo demás es provincianismo, como ser guatemalteco, ser mexicano o ser español. Nuestro mundo es más amplio, un mundo nuestro, más amplio, un mundo hispánico que dejo de ser español, para ser nuestro mundo, el de una veintena de países, España incluida". Carranza era un hombre inteligente que tenía una vista larga, pero en ese pensamiento se le olvido decir que podíamos haber fundado "Los Estados Unidos Hispanos", para llegar a nuestro poder en América, por encima de los Estados Unidos" y con un poder por encima de todos los grandes poderes del mundo. Y nuestro idioma, que ahora es un idioma por encima de los otros que se hablan en el planeta, dejaría de ser un idioma por debajo del inglés.

Los Estados Unidos Hispanos: España, Cuba, Puerto Rico, Santo Domingo, Venezuela, Perú, Colombia, Panamá, Chile, Honduras, Costa Rica, Guatemala, Nicaragua, México, Argentina, Paraguay, Uruguay, las Islas Canarias, el Marrueco Español, y la Guinea Española, en África, y las Islas Canarias, serian las verdaderas Naciones Unidas. Unidas por el idioma, por la nacionalidad y con objetivos bajo control, sería el puntal de este Planeta Tierra y para tomar cualquier decisión, habría que consultar con este poderoso conjunto de naciones. Unidos podemos llevar al Mundo por el camino correcto. Individualmente, los otros con menos poder nunca nos dejaran llegar a objetivos en beneficio de los otros y del Planeta Tierra. Y tendrán que escucharnos porque somos mayoría.

LA CHINA Y LOS GRANDES DEL DINERO, LA BANCA Y LA BOLSA, DOMINARÁN EL PLANETA, SI NO HAY ACCIÓN FRENTE A ELLOS. EL GOBIERNO MUNDIAL.

Existe un gobierno mundial que esconde su cara, pero que muchos saben quienes lo integran, cuáles son sus planes y cómo actúan.

¿Creen ustedes que la Primera Guerra Mundial y la segunda, y todas las guerras entre países, revoluciones y sistemas como el comunista y el fascista, castristas y empresas como la Bolsa, los bancos, son para beneficios de la población mundial?

En mi idea, el comunismo, el fascismo y todas las guerras habidas en el mundo, tienen un origen: los que controlan el dinero, la banca y los gobiernos. Para mejor entendimiento: El gobierno mundial, que no existe en papeles escritos, ni está inscrito en ningún registro de corporaciones, ni nada por el estilo, es el motor que mueve todo esto.

Esas guerras, esas revoluciones, esos grupos como el fascismo, el comunismo, la bolsa, los bancos, la gran prensa mundial, son los que salen de los grandes del dinero que gobiernan el mundo, no con papeles, ni con su presencia, lo manejan detrás de las grandes cuentas bancarias y el poder de los bancos que dominan.

Creen ustedes que Fidel Castro gobernó a Cuba por cincuenta años y llego a tener ese poder, por sus capacidad, por sus estudios y por lo méritos en la vida y su capacidad intelectual. "Bájense de esa nube que se pueden caer" ¿Creen ustedes que Hitler, Mussolini, Stalin, Fidel Castro, llegaron a donde llegaron por su gran inteligencia, sus estudios, como una esperanza para que los pueblos dejaran de arrastrar sus miserias y se vieran sin guerras y en medio de andanzas económicas diferentes? Vuelvan a agarrarse bien de la nube, que se pueden caer.

Todo esto no aparece, por una varita milagrosa de un príncipe encantado. Todo responde a las maniobras y las guerras de los dueños del dinero y del poder mundial.

Yo se los nombres de los millonarios más grandes del mundo y puedo decirle, que de todos ellos, el que menos tiene y que está a punto de morirse de hambre, tiene nada menos que 125 mil millones de dólares, los hay que tienen hasta 2 500,000 Millones de dólares. Yo tenía una lista con sus nombres y negocios y se me perdió o la tengo extraviada entre los muchos papeles que tengo.

¿Creen ustedes que la Segunda Guerra mundial, fue por beneficiar al Mundo y cambiar los sistemas que lo impedían? Las guerras mundiales, los tiranos del mundo, los gobiernos que cambian, los nuevos líderes, son para beneficio de los que viven en este planeta? No me hagan hablar que tengo el labio partido.

Fidel Castro está en Cuba porque lo pusieron allí los políticos norteamericanos. Cuba era un país avanzado, en su industria, en su economía, ¿por qué y quienes y por qué motivos pusieron allí a Fidel Castro y su pandilla de criminales?

La aparición de Hitler en Europa, tuvo un fin y fue para beneficiar a alguien y destruir algo que perjudicaba a los del gobierno mundial.

Lo del gobierno mundial no es un invento de nadie, existe y existen los grandes millonarios, que ponen y quitan gobiernos, que cuando algo se enfrenta a sus intereses lo destruyen o les ponen a alguien que los destruya.

Eso del gobierno mundial no es un invento de nadie, existen de cien o 200 personas que tienen más de mil millones de dólares y tienen que cuidar el dinero utilizando cualquier medio Los que controlan la banca, la bolsa y el dinero no se lo van a dejar quitar.

Con ese bulto pesado que decide las cosas del mundo, tendremos que vivir, gústele a quien le guste y duélale a que le duela, o en el mejor de los casos, llegar a tener miles de millones y integrarse en ese gobierno mundial. Lo demás, es el cuento de la Caperucita Roja, que nos hacían nuestros padres cuando éramos pequeños.

EN MIAMI, LOS MUERTOS SALEN A VOTAR EN LAS ELECCIONES.

En muchas universidades del mundo, se estudian muchas carreras, pero ninguna sobre la corrupción. Miami, en la Florida, en el Condado Dade, parece haber sido la primera ciudad donde se aprende la corrupción y sus asignaturas. Veamos:

En el Condado Dade y sus ciudades y en otras ciudades de la Florida, los políticos han implantado la asignatura de la corrupción. ¿Dónde usted ha visto que el robar dinero a mucha gente, sea un diploma para llegar a la riqueza, a dirigir comunidades, estados y países? Yo nunca lo había visto hasta vivir en lugares como Puerto Rico, República Dominicana, Venezuela y Miami, donde esta última ciudad ha llegado a ser la Universidad de la corrupción. Y veamos por qué lo digo.

Miami es la tierra prometida Y para los ladrones, gánsteres y tramposos. Y su política es la mejor asignatura que usted puede estudiar y con el tiempo llegar a la riqueza, los cambios, y todos los resortes que lo convierten a usted en millonario, persona decente, admirado por todos y respetado por la bolsa de dinero que usted ha acumulado en la política.

En Miami votan los muertos. ?Usted no lo sabía? Pues es más cierto que el Sol que nos alumbra y si quiere usted saber cómo se hace. Vaya al Condado Dade y pida una relación de las personas muertas en los últimos dos anos, pero eso lo hacen los políticos en funciones,. Usted como ciudadano no lo puede hacer, porque seguramente van a investigar para que usted quiere esa lista, que nadie pide y que a muy pocas personas les interesa. Es imposible conseguir la lista, porque la tiene una persona muy elevada entre los políticos del Condado, de la Ciudad, del Estado o del Gobierno Federal.

Pero ya existen los que por esa vías, tienen la lista y la alquilan en tiempos de política o la venden al mejor postor.

Vamos a explicarnos: yo tuve Amistad con el hermano de un político muy destacado en la política de Miami, que sacaba a votar a dos mil muertos en todas las elecciones. NO puedo decir su nombre porque nunca me lo dijo, pero él, en confianza, me enseno como se puede ganar una elección con el voto de los muertos que el podía llevar a las urnas. Lo único que se de él, es el apodo que tenía "EL MAGO". (Ese apodo le venía bien, ;porque no solo era un mago, sino que tenía cara de mago).

Le vamos a decir como ponen a votar los muertos: El que tiene la lista los muertos, que le dieron en una oficina pública, con copias de sus nombres y apellidos del muerto, están comprometidos con la ley y cualquiera de los dos puede ir la para la cárcel.

Con esa lista, no de un golpe, porque la sospecha caería sobre lo que está haciendo, usted puede ir a los archivos y sacar el nombre del muerto y su cédula de ciudadano votante. Ya en sus manos esa lista de ciudadanos votantes, usted recibe como se llevan esos muertos a votar en las elecciones.

Los que hacen esto tienen un grupo de confianza, que se ganan algún dinero. Ellos reciben, cerca del colegio, la tarjeta de votar o sus papeles para hacerlo, por el jefe de este grupo, que a su regreso le dan veinte dólares por diez minutes de trabajo. Es un trabajo fácil que ya saben hacer por su practica en muchas elecciones y que los que están a cargo del colegio de votación, no pueden, en ese momento, confirmar con los departamentos el "Condado, si el votante es o no es. Es fácil de entender.

Esos que salen a votar por los muertos lo han hecho muchas veces y saben, al pie de la letra lo que tienen que hacer. Son gente de experiencia que ya han pasado por diez o quince elecciones.

Los cementerios en Miami y la lista de muertos, tienen un promedio de votantes, por lo menos de diez mil fallecidos que en cualquier,momento deciden una elección.

El proceso, desde su inicio, es un proceso estudiado, puesto en práctica y de mucho respaldo, porque los políticos que llegaron al cargo, porque lo decidieron los muertos, no van a ser tan tontos de decirlo y mucho menos denunciar a los que los que lo hacen y menos sabiendo que ellos son cómplices.

Los votos de los muertos en una elección, pueden elegir a un comisionado, a un miembro del Congreso y en muchos casos a un alcalde o un congresista federal. Por eso nadie ha puesto en el tapete esta desvergüenza.

Los políticos saben lo que estoy hablando y que estoy tocando el tema sin mencionar a los beneficiados, por eso cierran sus bocas. Y más aquellos que llegaron al cargo con el voto de los cementerios.

En Miami, Condado Dade, hay muchos cementerios y grandes. Son Los que más votos tienen y que están en la calle ocho, en la 17 Avenida del South West y los viejos cementerios de Hialeah, de Miami y de todo el Condado. Pero es fácil también pedirle a los funerarios la lista de sus clientes.

El proceso de sacar a los muertos a votar, no es un proceso fácil. Se necesitan grandes vinculaciones y una experiencia de muchos anos, sin tener ningún fallo.

El aproximado de los muertos que votan en Miami y la Florida, (porque ya se extendió al Estado) está calculado en unos cincuenta mil muertos, o un poco más o menos, Los que ha llevado a cabo esta práctica, tienen más méritos que los que descubrieron la penicilina. Es decir, el voto de los muertos y sus inventores, son capaces de poner a votar en una elección a los monos del zoológico.

Hay muchos políticos en Miami y le Florida que deben su cargo al voto de esos muertos. Porque no es solo en Miami, el origen del invento, sino que se expandió al resto de estados y Condados de La Florida, aunque es bueno señalar que muchos no lo hacen, por honradez, o porque no lo saben.

De todos modos hay que darle merito a los que inventaron esa desvergüenza y darles una medalla por ese invento que les puede costar la cárcel o el cementerio.

Creo, no tengo informes, que en los tiempos de Al Capone, Dillinguer y otros capos del gansterismo, no se puso de practica esa idea, o por lo menos no se sabe nada al respecto.

Aquellos gánster de New York en los años veinte, si vivieran y pudieran llegar al Miami de hoy, serian calificados de pequeños rateros y cuando más en ladrones de carteras en las tiendas.

Al Miami de hoy, hay que darle la medalla de oro colgar en el cuello de sus políticos, aquellos trofeos que les colgaban a los emperadores romanos.

Los bandidos de las praderas, que robaban a las diligencias, se jugaban la vida, no solamente por el disparo de los que iban en la diligencia, sino que tenían que luchar contra los indios, que por la cabeza de un blanco recibían méritos en su tribu. Pero Miami es alegre, tiene mucha gente honrada y de trabajo, que no están en la política ni se benefician de la política.

Pero es un delito esconder a estos que prenden una vela en la estratosfera o sacan a votar en unas elecciones a un muerto que descansa enterrado en el cementerio.

El voto de los muertos, ha elegido en Miami a muchos que hoy son comisionados, alcaldes y congresistas.

Pero de todos, el que tiene más merito es él primero que saco a votar a los muertos de los cementerios y como organizo la maquinaria para hacerlo.

Por eso digo que aquellos ladrones de antaño Al Capone, Dillinger, los jefes de la Mafia, los que asaltaban las caravanas en la pradera, serian alumnos de primer grado en Miami y algunos alcanzarían, por lo menos, el kindergarten.

Y no tiren esto a relajo o a broma, porque es tan cierto como el Sol que nos alumbra y que los ríos tienen agua.

LOS QUE MANEJAN EN MIAMI, PUEDEN CRUZAR EL DESIERTO DE SAHARA EN UNA BICICLETA DE PEDALES. CON POCA VIGILANCIA POLICÍACA, LOS CHOFERES EN MIAMI, ESPECIALMENTE LAS MUJERES Y LOS JÓVENES Y ALGUNOS INMIGRANTES QUE NUNCA TUVIERON CARRO, MANEJAN COMO SI ESTUVIERAN EN UNA PISTA DE CARRERAS.

El trafico en Miami es, como para tener veinte o treinta muertos todos los días. Vean mas detalles y por qué.

En Miami hay un promedio de tres millones de automóviles, en algunas casas, muchas, hay hasta siete automóviles, uno del padre, otro de la madre y el resto de sus hijos e hijas. Diariamente entran un promedio de millón y medio de automóviles, que vienen de todos los estados de Estados Unidos, con un aumento en los días de pascuas y año Nuevo.

En cualquier vía rápida de Miami usted puede encontrar la muerte. No la tiene que mandar a buscar ella viene sola y por la ineficacia de los que dirigen el tránsito y la propia policía y en el 80 por ciento de esas muertes por la irresponsabilidad de los que manejan y de los que debían evitar esta penosa situación.

Usted puede correr cientos de millas por las vías rápidas de Miami, que nunca podrá ver un policía que le ponga una multa. Es muy raro, en horas del trafico, en la mañana y en la tarde, ver a un policía vigilando lo que hacen los choferes de la ciudad. Las vías de Miami, Coral Way, la calle ocho, Flagler Street, las avenidas 40-

42. US one, en fin un promedio del setenta por ciento de sus otras calles y avenidas, están abarrotadas de automóviles y muy pocos de sus choferes saben lo que están hacienda.

Se pudiera afirmar que nadie cuida a nadie y que muy pocos cumplen las leyes del tránsito.

Los jóvenes y jovencitas que comienzan a rodar por la ciudad y sus carreteras, no tienen la menor noción de lo que están haciendo y del peligro que corren Para la mayor parte es una experiencia de la nueva diversión que es la de tripular un carro y correr a la velocidad que le permitan sus motores.

Esa diversión de algunos jóvenes, tocados por la droga, que ya puede ser usada sin violar la ley, la marihuana, por ejemplo, manejan como locos, sin tener en cuenta la vida de los demás. Algunas vías rápidas, incluso dentro de la ciudad, sirven de pista de carrera, sin contar los *express way* y las carreteras hacia otros condados y el resto de la Nación.

La persona que maneja bien, que sale a la calle en su carro a trabajar, que mantiene un hogar y que tiene que salir, es en el 90 por ciento, es casi siempre, el que paga los platos rotos. Veamos: en el 50 por ciento de los casos, la policía, esa que está en el tránsito, que debe atender lo que ocurre, se equivoca, o actúa de mala fe para darle salida a un accidente. Podemos decir que en más de la mitad de los casos, y eso ocurre, cuando un joven que viene tripulando fuera de la velocidad permitida choca con otro carro y al llegar el policía, le pido a los dos la licencia de manejar y cuando ve la del joven que tiene 23 años y la del chocado, que tiene 75, le dan el ticket a este ultimo y carga con las consecuencias, perdida de la licencia, aumento de su seguro y muchas cosas más, sin haber tenido la culpa del accidente. La edad está en contra del que es chocado, aunque hayan testigos que pueden decir lo contrario.

En el tránsito de Miami y en toda la Florida,(puede haber lugares que no es así,) la edad está en contra del que maneja y en eso, lamentablemente, la policía no falla,. por falta de experiencia, por salir del caso pronto, o por la cifra de multas que está obligado a poner en bien de la recaudación del Departamento o por su inexperiencia.

En el tránsito de Miami, tenemos que decirlo como es, la ley no existe lo que existe es la disposición del policía que atiende el caso, no en todos los casos, pero si en una cifra alta. Hay policías, tenemos que reconocerlo, que actúan, de acuerdo con la ley y reportan el caso tal y como sucedió. Pero son los menos y en esto los que atienden el transido tienen mucha responsabilidad, así como también los altos jefes de esa Institución.

Tengo un amigo que iba manejando y uno de estos " niños de la velocidad", le choco el carro y por tener 70 años y manejando el camión de su trabajo, le dieron la multa y eso lo vio todo el que presencio el choque.

Y podemos mencionar cientos de casos donde la policía de "equivoca" y el que tenía la razón sale condenado, porque tenía más edad que el culpable del accidente.

Hay otro detalle importante. En las vías del tránsito rápido no se ve un solo agente de la policía y esa es la razón por la que se cometen tantos abusos En zonas de ese tránsito rápido, *express way* y vías alternas dentro de la ciudad, la presencia de un carro de la policía o de un agente vigilando el tránsito, terminaría con esos abusos y porque no decirlo también y disminuiría los accidentes.

Conozco otras ciudades, New York, San Francisco, Chicago, Londres, Madrid, Roma, París, Viena, Lisboa, Ciudad México, Caracas, San José, Río de Janeiro y casi todas las capitales, de Europa, por donde he manejado y ninguna, vale decirlo, se parece a Miami.

Para resumir: Miami es una pista de carreras, donde el que se descuida, va para el cementerio o el Hospital Y casi siempre sin tener la culpa del accidente. Las vías más congestionadas de tránsito, son, entre otras: la calle 8 del SouthWest, Flagler St. La calle 40, Coral Way, Kendall Drive, todas las vías rápidas, la 72 Avenida, la 107, la US1, en fin, por cualquier de las otras calles y avenidas usted puede encontrar las muerte.

Según los datos de organismos oficiales, en Miami, el promedio de automóviles, alcanza la cifra de tres millones, más dos millones que entran de otros estados.

Me dijo un Comisionado del Condado Dade, que en el área de Miami, integrada por varias ciudades hay un poco más de tres millones de automóviles y que en los días de invierno y verano, entra, otro millón, diario de ciudades del Norte y de Condados de La Florida y de otros países y de los estados de Estados Unidos. Si usted recorre la Ciudad, podrá ver que en muchas casas hay hasta seis automóviles, el del hombre, su esposa, y cada uno de sus hijos tiene un carro.

Y por eso, manejar en Miami, a ciertas horas, usted se está jugando la vida. Además, todos los carros que usted ve rodando, no conocen la ciudad y toman el tránsito muy a la ligera. Por eso, como dije antes, usted está poniendo su vida en peligro.

Y si agregamos a eso, que en las horas de mas tránsito las siete de la mañana, o las cinco de la tarde o las diez de la noche, y en todo el día, porque, no decirlo, usted no ve un policía en la calle. Eso contribuye a que el tránsito sea más peligroso y cada día aumente ese peligro. No sabemos si esto es por la falta de policías o porque no hay policías.

Y si a esto agregamos los miles de automóviles que entran de otros condados de la Florida y los que alquilan los miles de turistas que llegan a Miami, es por eso que ver un espacio del tránsito vacía, es como ver un policía en la calle.

Además, no todos los que tienen carros en Miami, o entran en Miami, de otros estados o condados o de otros países no saben cómo manejar en esta ciudad y algunos terminan con el carro puesto de sombrero.

No sabemos si la falta de policías en el tránsito, es porque no hay policías, o faltan policías, o el presupuesto es bajo y el Condado no tiene, o no quiere gastar más dinero en eso. Además de la falta de policías en el tránsito, los que llegan de afuera que no conocen como esta de locos el tránsito en Miami y los que utilizan las calles de Miami, que son muchos y casi siempre jóvenes, en pistas de carreras, convierten a Miami como la ciudad más peligrosa para manejar. Y si a esto agregamos que los turistas no están acostumbrados a un tránsito tan loco, turistas que vienen de otras ciudades de Estados Unidos o de otros países de América y de Europa, el peligro aumenta. Pero es la opinión de muchos, entre ellos la mía, que con más policías en la calle a las horas del tránsito, todos estos problemas se reducirían a la mitad, por lo menos.

Y un turista de Estados Unidos o de otros países, que nunca ha venido a Miami o no sabe nada de Miami, puede perder la vida si no averigua como se mueve el tránsito en esta ciudad.

Millones de automóviles inundan las calles de Miami a toda hora del día y de la noche, a las horas del tránsito, en la madrugada el peligro se reduce a la mitad, pero en el día y en horas de la salida del trabajo o de los niños de las escuelas, ese peligro aumenta. Por eso digo que hay que poner más policías en las calles, porque en Miami las multas son altas y los accidentes casi siempre, o en la mitad de los casos, envían a alguien para el cementerio.

Y cuando los residentes de Miami ven a un policía en la calle, aguantan la velocidad y manejan como se debe manejar. Pero cuando no ven un carro de la policía, especialmente los jóvenes, convierten en pistas de carreras las calles de Miami y los policías no se ven nunca.

Hay muchos miles que manejan bien, porque conocen el peligro, pero esos jovencitos que tienen su carro Nuevo, convierten a la ciudad en un lugar de pistas de carreras de autos. Y la escases de policías, aumenta estos locos del tránsito. Casi siempre los choques en Miami, envían a alguien para el hospital o para el cementerio.

No creo estar alarmando, ni aumentando el problema, estoy diciendo lo que ocurre y no menciono a los que manejan borrachos, porque eso sería ponerle más fuego a la candela.

En resumen, que si usted viene a Miami, o es de los que viven en Miami, y no conocen el peligro de manejar en esta ciudad, no les arriendo las ganancias, como dice el dicho.

Y para que ustedes creen que hicieron el túnel de Miami que costo tres mil millones de dólares? ¿Para qué se hizo un trencito que tiene una estación en la isla de Watson, donde se hacen los más grandes edificios del mundo? ¿Quiénes ustedes creen que uno de los grandes inversionistas de la Isla de Watson, es el Casino las Vegas y sus poderosos directores?

¿Y de dónde salió el dinero para hacer estas obras? ¿Será el dinero de los contribuyentes de Miami.? ¿Saben ustedes cuánto dinero ha llegado al bolsillo de los políticos de Miami, de los alcaldes y comisionados, de los lobistas y sus asociados.

De esos millones el residente de Miami, el que paga impuestos y paga, parte de este plan, no recibe nada. El famoso túnel es, para el jugador que está en los grandes casinos, donde estaba el Miami Herald, no tenga el menor esfuerzo para llegar a los barcos y hacer sus vacaciones por el Caribe y los que llegan en los barcos, no tengan ningún problema para llegar a los casinos, para eso está el túnel.

Todo está coordinado y en ello está el dinero de los contribuyentes. Los políticos no aportan nada y se benefician de todo.

La historia de la Isla de Watson tiene mucho que contar y sus beneficiarios se cuidan de que eso no llegue al público que paga impuestos, paga elecciones y paga túneles, y trencitos.

Y hay que agregar a esto que los del túnel, los del trencito, los de los grandes rascacielos y los casinos, ya tienen casi en las manos el final de sus ambiciones: tomar posesión de la bahía que esta frente a las tierras del Miami Herald, para que los grandes cruceros que fondean en la entrada de la Bahía, puedan fondear allí treinta de esos colosos del mar. Pero hay dos clubs de muchos años de fundados en la parte Sur de McArthur Causeway, que es necesario que ellos los desalojen y tomen sus instalaciones para fundar nuevos casinos. Eso puede pasar a la historia, como algo que ellos no pudieron realizar. Y lo digo porque yo soy miembro de uno de los dos Clubs, El Miami Outboard y yo sé cómo se lucha contra estos bandoleros y espero que ellos no quieran dar la batalla porque la van a perder. Todo esto que hablo puede suceder, a lo mejor mucho antes de que este librito salga de la imprenta.

Palmetto *Expressway rumbo Sur..*

MIAMI, LA UNIVERSIDAD DE LA CORRUPCIÓN.

Los políticos son los profesores de esta universidad. La corrupción política, incluye todos los ámbitos del comercio, la construcción, las nuevas obras y el cabildeo. Llegar a una a una posición de mando en un condado, una ciudad grande, un departamento, una ciudad o simplemente una alcaldía, lo pone de profesor de esta asignatura donde los profesores salen ricos o millonarios. Un solo ejemplo: un simple administrador de una gran ciudad de Miami, acaba de comprarle a su hijo, un banco con siete sucursales en más de 40 millones de dólares. Los detalles, los tiene el notable periodista, Juventino Verdugo, hijo del que fuera en un tiempo uno de los famosos reporteros del periódico "El mundo", de Caracas, Venezuela. Otros detalles de la corrupción política de Miami y el invento de sacar a votar a los muertos de los cementerios, hecho que le es fácil ganar el premio Nobel. Mas detalles.

Si por arte de magia, Al Capone, el enemigo público número uno de Estados Unidos, como lo bautizo LA Prensa de aquellos tiempos, llegara al Miami de Hoy, donde la corrupción florece, como las flores en medio de un bosque, habría que cambiarle el título por el de un vulgar ratero.

Capone mataba a los que le querían quitar el negocio del juego y la bebida, irlandeses y sicilianos, pero nunca le quito la comida a un infeliz ni el dinero a una familia pobre.

La corona del Rey de los matones de aquella época, la gano por su astucia durante la famosa Ley Seca, que el gobierno impedía que se vendieran bebidas alcohólicas en bares y cabarets y también estaba prohibidas venderlas al público.

Pero Al Capone la vendía en todos los Estados Unidos, en bares, cabarets, por eso lo Bautizaron como el enemigo público de Estados Unidos.

Si Al Capone llegara al Miami de hoy, tendría que comenzar comprándose un banco o un gran negocio, para lavar el dinero de la droga y se hacía millonario en menos de un año. Y si con su gran capacidad para el delito, se metía a traficar en drogas, Pablo Escobar, el Zar colombiano de la droga, quedaría convertido en un muñeco de cuerda del que todo el mundo se reiría.

Los únicos que no saben nada de la corrupción, de la compra de bancos para lavar dinero sucio, el trafico por puertos y aeropuertos, de miles de toneladas heroína, cocaína y marihuana, de la creación de bancos para todos esos delitos, son los policías, el famoso F.B.I. y la súper famosa DEA.

En Miami la droga entra por puertos, por aeropuertos, por carretera y por el mar y uno de sus almacenes está en una pequeña isla, a menos de 20 millas de la costa de Estados Unidos, de La Florida, para ser más exactos, donde la dejan caer desde aviones pequeños y cuando cae al mar lo bultos, siempre hay un nativo remando que los recoge y se lo entrega al encargado de hacerla llegar a Miami. Por esa labor de estar remando todo el día y recogiendo bultos de drogas, por cada bulto, el nativo remero recibe cien dólares. Hay algunos de esos nativos de la Isla que en un día se busca mil dólares.

Los aeropuertos de La Florida, sobre todo los de Miami y los cercanos a Miami, son verdaderos puertos de la droga. En el río Miami, hay un barco hundido desde hace mucho tiempo, de donde buzos experimentados sacaron de sus bodegas miles de contenedores, libras de heroína que venían a prueba de agua, sin que la policía preguntara lo que estaban Haciendo. Bueno... algunos policías si sabían lo que hacían esos buzos.

Y los aviones de carga que llegan de madrugada al aeropuerto de Miami, descargan a esa hora miles de libras de heroína y cocaína, sin que lo aduaneros, la policía del aeropuerto, los de la aduana, ni la policía ni el Director del Aeropuerto sepan nada. Ni tampoco la DEA, El FBI, ni la Aduana y mucho menos los agentes aduaneros.

Y si nos vamos al aeropuerto internacional del límite entre Dade County y Monroe County, lo único que falta es una banda de música para que reciba a los aviones que vienen de madrugada a dejar la droga. Ese aeropuerto que le costó millones de dólares a los contribuyentes, tiene magnificas pistas, está cercado, con muchos letreros espantando a los curiosos y en una soledad que usted no ve un alma si los contribuyentes de Dade Y Monroe y que no utiliza ninguna línea aérea, ni de carga ni de pasajeros.

Ese aeropuerto es digno de verse, por los millones que la costo a los contribuyentes de los dos condados y por la soledad que vive de día y la actividad que tiene en la noche.

Si algún lector curioso, que llegar allí es bien fácil, sube por la calle 8 y pasa los indios Mikoloukee y a menos de 15 millas esta ese aeropuerto fantasma que solo trabaja de madrugada.

Y si hablamos de los caminos del mar, Key West es la Capital y otras ciudades de las diez mil islas del golfo también compiten en la tarea de la droga.

Los únicos que no saben nada son las autoridades encargadas de combatir la droga.

Y otro detalle curioso, el de las maletas olvidadas en el aeropuerto, que las meten en un departamento con poderosas cerraduras, esperando que las reclamen el que las olvido. Si usted abre alguna de esas maletas encuentra vestidos y ropas de mujeres, blúmeres, ajustadores, vestidos y zapatos. Pero eso fue lo que pusieron en ellas, después de sacar la valiosa mercancía que traía la maleta. En esos detalles no entra la curiosidad de nadie, puesto que a muchas personas se les olvidan las maletas.

Podemos decir, sin lugar a equivocarnos, que altos oficiales del Aeropuerto de Miami, saben todo esto y mucho mas.

Y de la corrupción fuera de la droga y dentro, es como una actividad a la que están dedicadas muchas personas, y muchos de los encargados e impedir su entrada.

Y para que seguir en este tema, pues nadie del público lo sabe y si lo sabe no le importa y las autoridades… déjame callarme que es más saludable.

UN VIAJE A LAS MINAS DE DIAMANTES DE GUAYNABO EN EL ALTO AMAZONAS. TIRO LOCO, LA ESPERANZA, EL MILAGRO Y LA SALVACIÓN, PEQUEÑOS CASERÍOS QUE HABÍA QUE PASAR PARA LLEGAR A LAS MINAS EN EL ALTO AMAZONAS.

Un amigo, Orlando Pena, Marcos Capriles, el piloto y este periodista que escribe salimos del aeropuerto de la Carlota, en Caracas, en un avión de dos motores, piloteado por Marcos Capriles y desde allí hasta San Fernando de Apure, donde rellenamos los tanques de gasolina del avión y volamos hasta Tiro loco, el primer punto para llegar a las minas de diamantes.

La otra etapa, para llegar a la esperanza y La Salvación, tenía que ser por tierra, atravesando la selva virgen hasta La Salvación, punto final donde están las Minas del Milagro.

En un pequeño aeropuerto de la Guardia Nacional, que tienen allí para vigilar las fronteras con Colombia y Brasil, dejamos el avión de Marcos.

Ese pequeño aeropuerto tiene gente de guardia todo el día y la noche, pues allí radica el punto más avanzado de la Guardia Nacional de Venezuela y de allí salen los pequeños aviones que vigilan la frontera.

El camino de Tiro Loco hasta la Esperanza, era por el medio de la selva virgen, donde si encontrabas a alguien eran indios Makiritarys, o algún cazador loco que se atrevía a entrar en esa región de selvas, serpientes venenosas y grupo de indios belicosos de otras tribus.

Orlando Pena, Marcos Caprile y yo, pudimos ir, hasta cerca de La Salvación, en un equipo militar para viajar por selvas y pantanos, que tenía allí la Guardia Nacional. Hicimos el viaje sin ningún problema, solamente el esfuerzo de entrar en tupidas selvas y pantanos, y salvar el peligro que supone viajar por esos lugares, en algunos momentos nos topamos con indios Makiritarys, pero no teníamos ningún problema.

Para alcanzar La Salvación, tuvimos casi un día de marcha, hasta llegar a nuestro punto final. Allí encontramos un poco de civilización, entre los de las minas y su propietaria, María Paradas, de raza negra que 10 años atrás había llegado como prostituta y terminó de propietaria de la más grande mina de diamantes de la zona. María, cuando yo le dije que yo era el periodista Llano Montes, de el periódico El Mundo de Caracas, que había publicado el reportaje elogiándola a ella, por su valentía de dominar a criminales y gente mala, que tenía en su personal y lo que más le gusto cuando dije que ella tenía pantalones para ser Presidente de algún país como Venezuela y Colombia. María me abrazo y poco falto para que me dejara sin aire, por los abrazos que me dio ustedes mientras estén aquí, son los dueños de la Mina del Milagro, me dijo.

Estuvimos allí una semana y pudimos ver cómo funciona una mina de diamantes y el carácter y la valentía que deben tener los que luchan con el personal de la Mina del Milagro, asesinos y ladrones que se escapaban de sus países y caían allí, donde nadie los iba a buscar.

Me daba mucha gracia que el primer día que dormimos allí, la propia María fue al pequeño ranchito que era nuestra vivienda allí, nos cerró la puerta con una gorda cadena y un candado grande y nos dijo: "No le habrán a nadie, yo los vengo a buscar en la mañana". Y de esa forma estuvimos cuatro días en aquel pequeño infierno.

Para regresar a "Tiro Loco, María nos envió en un pequeño avión que tenía allí un comprador de diamantes que venía a las minas una vez al mes y de esa forma pudimos llegar a Tiro Loco.

Pero antes le voy a decir lo mejor del viaje. Uno de los días, en la mañana,, había cerca del caserío una loma de tierra y María me dijo: Mira esa loma de tierra, que hemos sacado y María me dijo: Mira esa loma de tierra, que hemos sacado. Lo que salga de ahí es un regalo para ti Llano Montes, de María Paradas que siempre será tu amiga y esta es tu casa.

Yo me quede tan impactado que no pude habla, solo le da las gracias y ella me dio un abrazo. Mañana por la mañana, antes de que ustedes se vayan, yo le doy a Llano Montes lo que sacamos de esa loma de tierra.

Al otro día, temprano en la mañana, María Parada, nos fue a ver y me dio una bolsa llena de diamantes, que estaban en la loma de tierra que ella nos enseño el día anterior y me dijo, "esta es tu casa Antonio y cuando quieras venir estoy a tus órdenes.

Y cuando abrí el bolso, de regreso, por poco se me caen los ojos. La bolsa estaba llena de brillantes. Yo le di algunos a Orlando y a Marcos y lo otro me lo amarre al cuello y así lo lleve hasta llegar a Tiro Loco, de donde regresamos a Caracas en el avión que Marcos había dejado al cuidado de la Guardia Nacional.

Y por último, le regalé diamantes a mi familia,. a mis amigos y un diamante negro que se lo di a un director de los periódicos donde yo trabajaba en Caracas era el más valioso y yo no lo sabía, el amigo a quien se lo di lo vendió por diez mil dólares.

Y de ese bolsón de diamantes que me dio María Paradas, no pude quedarme con ninguno, porque dos de los más importantes se perdieron y ustedes se deben imaginar, como se pierde un brillante.

Y esta es una pequeña historia de mi vida.

Minas de diamantes en Guaynabo en el Alto Amazonas.

LA CORRUPCIÓN POLÍTICA.

En cuanto a la corrupción política, ¡hay mama, hay mucho que contar!

Aquellos cuatreros que asaltaban las diligencias en el Oeste de Estados Unidos, eran escolares de primer grado comparados con los políticos de Miami.

Aquí se roba a manos llenas y sin lavárselas. Basta que usted llegue a un cargo público electo, como comisionado, congresista o alcalde de alguna ciudad y tenga un amigo lobbista o simplemente un contacto con ese lobbista. Ya usted ha pasado al salón de la fama y el dinero. Un simple voto suyo, en cualquier trácala de un político lo llevan al dinero y la influencia.

Y aquí, penoso es decirlo, hay pocos políticos, que no hayan entrado en ese salón de la fama y el dinero.

Veamos, la Isla de Watson, que es la Isla más grandes de la Bahía de Miami, fue vendida a un multimillonario Hindú, llamado Memeth Baraytar, en muchos millones de dólares. Para entregar esa Isla, solo se necesito del argumento requerido, para hacer la operación. El argumento o era el desarrollo y el trabajo que iba a dar a los vecinos de Miami y como iba a beneficiar al

Puerto de Miami. Muchos millones le dio Baraytgar a los políticos que tenían que votar, al lobbista que logró el contacto y a los comisionados y alcaldes que votaron en favor de la operación.

Fuentes creíbles afirman que el Alcalde recibió veinte millones, el administrador otros veinte y los comisionados costaron cada uno un millón, que no hubiesen podido ganar de salario ni en 5 años. En cuanto al que hizo el lobby, la gestión con los políticos, recibió una cantidad para no tener que trabajar en largo tiempo.

Pero la venta de la Isla de Watson trajo otros "contribuyentes" como los millonarios de las Vegas, las grandes compañías de barcos gigantescos, los casinos en el terreno del Miami Herald y los grandes edificios que se han levantado para instalar casinos. Ese negocio pasó a manos de Memeth Baraytar y su hijo, que estaba al frente de los mismos, pero bajo la aprobación de los políticos que recibirían algunos centavos por cada negocio.

Hablar de Al Capone y de los ladrones de las caravanas en el Oeste, es hablar de un juego de niños en un Kindergarten. Y el más feroz de los gánster de la época de Al capone, comparado con estos políticos y los lobistas de hoy, es un infeliz ratero que merece la cárcel.

Y ahora la Bahía de Miami es una dependencia de los que hicieron el famoso negocio.

Y solamente estoy dando unas pequeñas pinceladas al robo, porque si hablamos de las obras publicas, del arreglo de calles, de la basura, de los nuevos parques de diversión, tenemos que estar un año escribiendo y creo que me quedo corto.

En Miami todo es negocio: la construcción de un parque para niños, una ley para ayudar a los pobres, derribar un torre que ya era un símbolo de Miami, desviar un río o desaparecer una Isla, es un manantial de dinero para los lobistas y los políticos.

Por eso hay que disculpar a aquellos ladrones de caravanas, a las gangas de la época de Al Capone y a todas las pandillas de gánster que florecieron en Estados Unidos en los años veinte.

¿Ustedes creen que el Túnel por debajo de la Bahía del Puerto se hizo para beneficiar a la población de Miami? ¿Ustedes creen que ese tren pequeño que llega a uno de los costados de los grandes edificios que se hacen junto al McArfthur Causeway, es para el público o los que viven en Miami? Si lo creen se están engañando ustedes mismos, ese tren es para la facilidad de los grandes casinos de juego que se están proyectando para el territorio que tenía el Miami Herald, donde ya hay un casino y se perfilan unos cuantos más. De los casinos a los grandes rascacielos que se van a hacer dentro de la zona, la zona de juego, los vecinos solo tienen que esperar unos minutos y ya están allí. Hablo de los grandes millonarios que van a comprar apartamentos en esos rascacielos que se están levantando en la Bahía, a poca distancia del MacArthur Causeway.

Ir en automóvil desde esos edificios hasta la zona de los casinos, es bastante problemático, porque tendrían que enfrentarse a un horrendo tráfico.

Y para ponerla la Tapa al Pomo, como dice el refrán esos dueños de casinos y los que compraron la Isla de Watson, tienen los ojos puestos en los dos clubs, El Miami Yatch Club, de mayoría de socios norteamericanos y el Outboard Motor Club, que está en la misma faja de costa, exactamente detrás del terreno del Miami Herald y en una Bahía que caben treinta barcos gigantes, de esos que traen turistas a Miami y llevan turista a los casinos y turistas también a viajar por países del Caribe y el Golfo de México.

Hay muchos miles de millones en estos negocios, entre ellos, la rehabilitación del Estadio Marino, en Coconut Grove, que lo hicieron a mucho costo, y después de recibir las comisiones, lo dejaron morir a la vista de los que pasan por allí en lanchas. Ese estadio costo dinero y dio dinero a los políticos, ahora quieren hacerlo de Nuevo y gastar allí millones de dólares, en un lugar que casi no tiene acceso para el público, es decir para la gente pobre que no tiene barcos y tienen que llegar allí en automóvil o en ómnibus.

Lo que está programado con estos proyectos millonarios, expertos calculan que hay una "ganancia" para convertir a no menos de 50 políticos y lobistas en millonarios y los vecinos de Miami tendrán que pagar los impuestos habituales, para mantener a la máquina de los políticos y la corrupción, funcionando a todo vapor.

Así es la historia de estos proyectos, ni mas, ni menos. Todo a costa del bolsillo de los contribuyentes.

MITOS Y REALIDADES DE LA HISTORIA ANTIGUA Y MODERNA. EL MEDIO MÁS EFECTIVO PARA DESORIENTAR A LOS NUEVOS HABITANTES DE ESTE PLANETA.

Los monstruos creados para inyectar el miedo a la juventud y de ahí hacer una generación de descabezados mentales: los zombis y muertos vivos, Drácula, Frankestein, el Hombre Lobo y el hombre mono de la selva: Tarzán. Y muchos otros que fueron saliendo de los libros, del cine y de los periódicos. La libertad de Estados Unidos. La revancha de España contra Inglaterra.

Esa libertad fue producto de las grandes guerras en Europa, Asia y americe, entre los reyes españoles, franceses e ingleses. Resultado: los Estados Unidos de americe. Las damas de la sociedad de la Habana, enviaron millones en monedas de oro, a Washington, para que sus soldados no desertaran y se produjera la libertad y se crearan los Estados Unidos de americe.

El banco de la reserva federal, ni es banco, ni es reserva. Fue creado por un grupo capitalista que, durante un día de navidad en 1914, compro a los congresistas que hacían mayoría en el congreso y aprobaron el banco de la reserva federal, dándole el derecho único a imprimir los billetes de la moneda de Estados Unidos.

¿Dónde están y que se hicieron de los lingotes de oro que cuba deposito en Fort Knox, en respaldo de la moneda cubana? ¿será verdad que cuando triunfo en cuba Fidel Castro se lo llevaron para un banco de ginebra y fue transportado en un avión ruso Antonov? El depósito del oro de cuba en el banco de la reserva federal de Estados Unidos, tenía un valor, por aquella época, de tres mil millones de dólares. ¿Qué se hizo de ese dinero? ¿Será verdad que se lo repartieron entre rusos, americanos y cubanos de Castro?

De no ser así, que digan la verdad los del banco de la Reserva Federal o que se callen para siempre.

NO FUE LA BARONESA THYSSEN LA MUJER QUE MATO A TARZÁN, FUE TARZÁN QUIEN MATÓ A LA BARONESA THYSSEN.

Historia vivida por el periodista Antonio Llano Montes, que ahora la cuenta para que todo sepan la valentía de esta dama, hoy la Baronesa Thyssen Bornemisza.

Durante mucho tiempo alguna prensa de España, bautizo a Carmen Cervera como "la mujer que mato a Tarzán", el legendario interprete del hombre blanco, dominando selvas y viviendo como un mono en la copa de los arboles. Después de la muerte del Tarzán del Cine, que estaba casado con Carmen Cervera, que regreso a España, no dejaron de tratarla como una impostora y llevarla a las peores escalas de la Sociedad Española. No se sabe si era por envidia, o por algún plan de la gente de sociedad que trataban de impedir que alguien "sin nombre y sin dinero" se tratara de ubicar entre esa sociedad de gente de narices paradas que no admiten a nadie dentro de su círculo tan exclusivo.

Pero Carmen Cervera no bajo la guardia, ni antes ni después de esta historia. Ella conoció al intérprete de la nueva película de Tarzán, que se iba a rodar en Estados Unidos y después de meses o años de relación, se casaron y fijaron su residencia provisional en Hollywood, California.

Todo el plan estaba preparado para que Carmen Cervera se convirtiera en una artista de Hollywood, pero en medio de esos planes, Tarzán murió repentinamente y Carmen Cervera se encontró sin apoyo, sin dinero y sin saber su futuro. Los herederos de Tarzán, la dejaron sin un solo centavo para mitigar en algo la situación de Cervera, la viuda. (Creo que violaron la ley de herencia y dejaron a Carmen en medio de la calle).

Pero vamos a la historia que nadie conoce y que este periodista fue el primer actor de ese drama de la Baronesa que va a contar esa historia.

Cuando Carmen Cervera estaba en California en medio de su dolor y sin saber a quién dirigirse, un amigo cubano que conoció en esos días, le dijo que viajara a Miami que allí había una gran población de cubanos y quizá diera con alguno que la ayudara a regresar a España o llegar a una posición dentro de la radio o la televisión, donde algunos son propietarios de canales o escriben novelas para la televisión o son periodistas como yo.

Y Carmen viendo la posibilidad de Miami, viajo desde California a esa ciudad de Estados Unidos, en busca de una solución a sus problemas. En Miami, como le dijeron, habían miles de cubanos y por el momento la situación de Carmen empeoró, en vez de ver alguna solución.

Carmen con sus pocos recursos, se hospedó en un pequeño hotelito de la calle ocho del S.W. de Miami, el hotel se llamaba y se llama EL Nido, pero Carmen, no sabía dónde estaba viviendo. Ese hotelito es un hotel de "tiradera" como decimos los cubanos a esos hoteles que son para el sexo rápido, de una prostituta o algún levante de una chica en medio de la calle.

Y ahora comienza la historia que Carmen no ha contado ni nadie la sabe hasta estos momentos que la están leyendo.

Un día yo fui a almorzar a un restaurante a media cuadra del Motel EL Nido, y cuando me senté en mi mesa, en la otra mesa de al lado estaba sentada una mujer bonita, que me llamo la atención y entable conversación con ella. Me dijo que había llegado de California, donde había muerto su marido y quería llegar a España, pero estaba casi sin recursos.

Le pregunte donde vivía y me dijo, en aquel motel que esta frente a la calle. Y yo le pregunte, ¿usted no sabe que ese es un motel de mala fama, porque es un lugar frecuentado por prostitutas, para sus negocios de prostitución ambulante?

¡Dios Mío! Me respondió, yo no sabía eso, lo hice porque el precio es de diez dólares diarios señora, le dije asombrado, usted no conoce a Miami o lleva poco tiempo aquí. Y me respondió: Llegue ayer y vine a comer a este restaurante y vi el hotel y allí me hospede. ¿Y por qué? ¿Le pregunté? porque tengo poco dinero, mi esposo se murió y los herederos me dejaron en la calle, me respondió.

Ante el drama que estaba viendo yo le dije: señora yo le voy a buscar un lugar donde vivir, hasta que usted pueda buscar dinero en algún empleo. Pero casi no tengo ni para comer, me respondió Yo le dije tranquila que yo le voy a resolver el problema, sin ningún interés de mi parte.

Ella, Carmen,. me dio el teléfono del motelito y quede en llamarla por la tarde. Ese mismo día fui a hablar con Felipe Valls, el propietario del Versalles y otros restaurantes en Miami y le dije: Mira Felipe conocí a una mujer joven que estaba casada con el Tarzán de las películas, que acaba de morir en California y los familiares del muerto la dejaron sin un centavo porque se quedaron con todo lo que dejo su marido. ¿Y qué tengo que ver yo con eso?

Esa mujer nada menos que se hospedo en el Hotel El Nido, que tu sabes que es un motel de prostitutas y de sexo y me da pena con ella, pues se ve una mujer decente y honrada? Porque no hacemos una cosa Felipe, el Dúplex tuyo de la 36, tiene un apartamento vacio, vamos a dárselo por algunos días a esta joven y Felipe me respondió, bueno vamos darle esa vivienda, hasta que ella resuelva, pero recuerda que la cama no tiene colchón, ni sabanas ni hay toallas, eso es cosa que tienes que resolver tu. Ese día llame por teléfono a Carmen y le dije, mañana te recojo en el restaurant y te voy a llevar para un Dúplex dónde vas a vivir hasta que puedas resolver tu problema.

Ese mismo día, por la noche, me fui con mi automóvil hasta una mueblería El Doral, ubicada en el 0esteden Miami y compre el colchón y todo lo demás. El colchón lo puse encima del carro amarrado y lleve todo para el dúplex de Felipe en la 36 y la siete en el South West. Llame a Carmen y vio aquello y quedo encantada me dio las gracias más de diez veces. En esos días me logro integrar el grupo de que estaban trabajando en una novela, donde Carmen iba a interpretar en la novela a la amante de un traficante de drogas. La novela se llamaba "Que caliente esta Miami".

Lo que le pagaban era poco, si acaso para almorzar y comer un día y pagar un día de Motel. Pero Carmen no se dejo vencer, con mi ayuda ya estaba más tranquila. Pues el almuerzo y la comida lo tenía gratis porque yo había hablado con el propietario del restaurant Versalles y se la llevaban dos veces al día, si yo me ocupaba de eso como me dijo Felipe. Un amigo mío, que trabajaba con Felipe Valls, Carlos Zayas se presto para llevarle el almuerzo todos los días y yo más tarde, al comenzar la noche le llevaba la comida.

Y ya el color le había regresado al rostro de Carmen pues se había dado solución a dos cosas importantes en la vida: la comida y la casa donde vivir.

Esta situación se prolongo por quince días o un mes, hasta que Carmen, hoy Baronesa Thyssen Bornemisza, pudo resolver el problema y regresar a España. Me dio las gracias más de veinte veces y se advertía que estaba bien agradecida. Ella tenía reservado su regreso en una Línea Aérea y regreso a España.

Mas nunca supe de ella, ni me llamo por teléfono, al parecer porque un plebeyo le dio la ayuda para salir de la situación en que la pusieron los herederos del Tarzán del Cine. Y por eso el título de este escrito, La baronesa no mato a Tarzán, Tarzán fue el que mato a Carmen.

Después de este episodio no supe mas de Carmen Cervera, a no ser cuando leo alguna revista de España y la veo entre la gente de poder y de dinero, y solo me importo que aquella triste y desesperada mujer que conocí en Miami, hubiera resuelto su problema. Hoy es la Baronesa Thyssen Bornemisza y acapara la prensa y la televisión de España y de América, donde se leen las revistas de España.

A mí, ni me da frío ni calor el dinero de la Baronesa Thyssen, yo cumplí con mi deber de ayudarla cuando necesitaba ayuda y lo hice como es mi carácter de ayudar a cualquier a y mas a una dama en problemas como los que ella tuvo. No me costó nada hacerlo, solamente lograrlo con mis amigos. Y siempre le agradecí a Felipe Valls que le dio albergue y comida y a Frank Zayas, un empleado de su restaurant, que me ayudo a llevarle almuerzo y yo después lo sustituía y le llevaba la comida al dúplex donde vivía en Miami La Baronesa Thyssen Bornemisza.

Y todo esto lo hice por mi carácter de darle ayuda al que la necesita, sea pobre, rico o mujer u hombre. De ese episodio de mi vida estoy satisfecho, sobre todo cuando veo a Carmen Cervera viajando en su yate por el Mediterráneo o entre Reyes y principes, en sus reuniones.

El honor para mí, es el deber cumplido y el título que le doy a este escrito, revela la valentía de esta mujer, cuando Tarzán, o la familia de Tarzán la dejaron en medio de la calle, sin recursos para salir de su desesperada situación.

Y por su valentía, el título que le pusieron a Carmen Cervera, por envidia, o no se sabe porque, yo le pongo un nuevo título: Carmen Cervera no mato a Tarzán, fue Tarzán quien mato a la baronesa.

"Que caliente esta Miami" Ese fue el título de la película donde Carmen Cervera, en una situación económica desesperada, después de la muerte de su marido, El

Tarzán de las películas norteamericanas, pudo trabajar por un salario de 250 dólares semanales y pagar algunos de sus gastos en Miami.

No tener dinero por causas ajenas a su voluntad, no es un delito y trabajar por un salario bajo, tampoco es como para echarse a llorar. Eso por lo contrario dignifica a una persona, como fue el caso de la hoy Baronesa Thyssen Bornemisza y ocurrió en Miami, cuando ella estaba una situación económica desesperada.

Barón Thyssen Bornemisza y la Baronesa Thyssen (Carmen Cervera).

Dúplex donde se alojo Carmen Cervera, hoy Baronesa
Thyssen, por gestiones que hizo el periodista Llano Montes
con Felipe Valls, su propietario, ubicada la avenida 32 y la 25
calle del South West de Miami. Llano Montes le busco una
cama con su colchón, mantas y sabanas, en la Mueblería El
Doral, además de otros muebles para su comodidad.

¿PUEDE EL SER HUMANO CAMINAR SIN CABEZA? ¿POR QUÉ HAY TANTOS IMBÉCILES EN EL MUNDO?

Yo creo que sí, porque el mundo moderno está hecho para caminar sin cabeza, según el periodista Italiano Pino Aprile, autor del famoso libro "El elogio del imbécil". Dice Aprile que el mundo moderno está hecho para los imbéciles. ¿Quiénes si no lo imbéciles, pusieron a Hitler a mandar en Alemania, a Fidel Castro en Cuba, a Mussolini en Italia a Stalin en Rusia y a muchos ¡presidentes descabezados a mandar en sus países?

"El mundo está hecho para el mas imbécil" dice Aprile.

Y nosotros agregamos, que la imbecilidad triunfa, no solo en la política, sino también en algunos entornos de la vida, como es el matrimonio, y en muchos otros aspectos como cuidar a sus hijos, que por no hacerlo, surgió en Estados Unidos una pandilla de jóvenes criminales y viciosos de la droga, que asolaron los estados del Este de los Estados Unidos y dieron a un vicioso e imbécil, Charles Manson la oportunidad de fundar una pequeña dinastía del vicio, el crimen y la prostitución de jovencitas de honradas familias.

¿Quiénes sino, los imbéciles pusieron a Hitler en Alemania y ayudaron a regar de sangre este planeta?

¿Quiénes si no los imbéciles pusieron a un criminal en Cuba a fundar una tiranía que lleva más de medio siglo y que ha bañado en sangre a un país prospero y lo ha convertido en el basurero de la historia?

Y los imbéciles nos han demostrado ser mayoría y utilizar a su servicio a los llamados inteligentes que se dejan llevar por sus locuras.

Existen miles de pruebas que la imbecilidad es uno de los factores importantes que van a llevar a nuestro planeta a salirse de la órbita del sol y llevara un espacio desconocido la imbecilidad, así es como yo lo veo y lo apunta en su libro Aprile. Pero yo veo más lejos, cuando pienso que si existen los marcianos, estos se volverán imbéciles si por algún misterio desconocida llegan al Planeta Tierra y caen en las manos de esos que caminan sin cabeza.

Hasta que no termine o descienda la imbecilidad del ser humano en el Planeta Tierra, nuestro mundo será guiado, dirigido en sus actos y en su historia por esa mayoría de imbéciles que caminan sin cabeza en el Planeta Tierra. Y volverán otros Hitler, Fidel Castro, Charles Manson, Mussolini y otros "santos" de la historia a crear legiones de seres humanos que caminen sin cabeza.

UN CEMENTERIO DONDE HAY MILES ENTERRADOS, CON CIENTOS DE ESTATUAS HABLANDO SUS NOMBRES, UBICADO EN EL LUGAR MÁS SOLITARIO DE LA FLORIDA, RODEADO DE COCODRILOS Y PANTANOS, NUNCA SE VE UNA FLOR NI UNA PERSONA REZANDO AL PIE DE LA ESTATUA QUE LLEVA EL NOMBRE DE LA VICTIMA.

Un avión comercial, que no pudo aterrizar en el Aeropuerto de Miami, por causas que aún se desconocen o fallo en sus motores, o confusión en sus pilotos, o algún otro problema que puede derribar a un avión en pleno vuelo o en sus intentos de aterrizaje, por el tiempo, un equivocación del radar o de los sistemas electrónicos, cayo de picada en medio de los pantanos más grandes del mundo, entre el agua, el fango y rodeado de feroces cocodrilos. Muy pocos se salvaron, pero cerca de mil quedaron enterrados en el fango o fueron devorados por los cocodrilos cuando caminaban por el pantano en horas de la noche...

Esta es la historia.

Yo estaba durmiendo en horas de la noche, en una casa que tenía cerca de la frontera de la ciudad de Miami con Los Everglades, y me despertó una llamada que me hizo un amigo, piloto de aviación, y que me puso al corriente de lo que estaba sucediendo:, la caída de un avión de pasajeros en medio de los Everglades durante la madreada. Llame al amigo y me dijo" si quieres te voy a buscar para ver si podemos ayudar en algo".

Ven a buscarme le dije y a los veinte minutos me estaba recogiendo y nos dirigimos al lugar de la tragedia por la vía más cerca del accidente, la ocho avenida o Miami Trail.

Todavía no había salido el sol y llegamos a un lugar, cerca del territorio de los indios Miccosukee, donde a media milla había caído el avión en una zona pantanosa y llena de cocodrilos. Todavía no había salido el Sol, era una hora muy temprana y la zona estaba llena de ambulancias, Los bomberos, la policía, las comisiones de rescate y cantidad de personas con sus lanchas que caminan por encima de los pantanos, para ayudar a los sobrevivientes de la tragedia.

No recordamos de donde venia el avión ni la fecha del accidente, pero yo calculo que ocurrió alrededor de veinte años atrás.

Yo había llegado a Miami, de Cuba, en 1959, el mismo año que Fidel Castro bajo de la Sierra Maestra y se convirtió en el propietario de la Isla. En algunas ocasiones, viaje a otros países, pero seguía viviendo en Miami. Creo que el accidente ocurrió hace unos 15 o veinte años, pero no estoy seguro.

En ese accidente murieron cientos de personas, algunos ahogados en los pantanos, otros por el choque del avión y algunos devorados por los cocodrilos y otros caminando, buscando por donde salir de allí y que se metieron más adentro de los Everglades. Conozco el caso de que alguien que venía a negocios en Miami, y como un loco caminaba por encima del fango con su cartera de negocios en la mano y enloquecido gritaba, ¡Esto es Miami! y lloraba como un niño y hundía sus pies en el fango, hasta que los bomberos lo rescataron de su peligrosa odisea.

En otros casos solo se recogieron cadáveres o se rescataron a pasajeros que estaban agarrados de un árbol de los que crecen en esos pantanos u otros que estaban a punto de ahogarse en medio de pantanos muy hondos.

Pues bien, a lo que voy: después de esa tragedia hicieron una pequeña zona frente a la calle ocho donde están los nombres de las personas que murieron en ese accidente en grabadas en pequeñas estatuas de concreto, con sus nombres, el vuelo de la aeronave y la fecha de su caída.

Y yo cruzo muchas veces por allí, cuando voy por un amigo, pegado al agua a un costado de la carretera que utilizan los indios para llegar a algunas de sus viviendas que están al borde mismo de los pantanos, a la derecha de la carretera 41 hacia el Norte, que siguiendo esa carretera va a terminar donde están las pequeñas estatuas de cada víctima recordando ese trágico accidente de la aviación comercial que se produjo a pocos kilómetros de la ciudad de Miami.

Y a lo que voy: he, pasado por semanas ese lugar, desde que vivo en Miami, más de treinta veces y nunca he visto una persona, en el sitio donde están más de cincuenta pequeñas estatuas de concreto con los nombres de los que murieron en ese tráfico suceso. Tampoco he visto una pucha de flores, quizá el tiempo, el aire o el agua se las llevo, pero nunca he visto una flor en ninguna de las estatuas de concreto con el nombre de la víctima. Puede ser que con el tiempo y la distancia esa tragedia haya caído en el campo del olvido y sean los nietos o tataranietos los que no conozcan nada de la tragedia.

Restos del avión ValuJet Flight 592 caído en los Everglades. Monumento en memoria de las víctimas del avión caído.

UN TEMPLO POR LA LIBERTAD DE CUBA:
LA PENA DEL VERSALLES.

Allá en Tampa, en el Noroeste de La Florida, ciudad que sirvió de hogar a muchos cubanos que luchaban por la Independencia de Cuba, esos patriotas hacían sus bases en restaurants, lugares conocidos y enarbolaban la bandera de la estrella solitaria y desde allí enviaban el mensaje al mundo de que Cuba luchaba por su libertad. Martí, Maceo, Máximo Gómez y muchos patriotas hicieron allí su punto de partida para luego inmolarse en los campos de la Isla y decirle al mundo que cambiaban su vida por la libertad de su Patria.

Eso está ocurriendo en la Ciudad de Miami, donde hay una "pena patriótica", luchando por la libertad de Cuba, pisoteada por un Tirano que regó de sangre los campos de Cuba. Esa Pena está dirigida por un Nuevo patriota, que ensena que el camino a la libertad de Cuba, debe ser el primer deber de los miles de cubanos que viven en tierras extrañas. Su líder, que permanece ocho horas del día y de la noche, parado frente a una piedra simbólica, con una tarja de bronce, a un costado del Restaurante Versalles, y una sopa de pollo como alimento durante parte del día y la noche, es el Nuevo patriota que dice al mundo que Cuba está en manos de criminales y aventureros. Su nombre es: Pena Pérez, y por, una coincidencia, lleva también el apellido de Martí, cuyo nombre era José Martí Pérez.

En no pocas ocasiones, Pena Pérez ha tratado de formar un grupo de patriotas dispuestos a desembarcar en Cuba y ofrendar sus vidas por la libertad, pero no lo ha logrado. El barco y las armas que ha tenido en sus manos, por ofrecimiento de sus hermanos que tienen una mejor economía en Estados Unidos, se han quedado varados en alguna Playa desierta de La Florida y el esfuerzo de Pena Pérez, el líder, ha sido inútil, porque solo se han presentado cuatro hombres dispuestos a inmolar sus vida por una Cuba pisoteada por Fidel Castro.

El esfuerzo patriótico de Peñita, como es conocido por miles de personas, ha quedado en la sombra, sin lograr sus propósitos de dar la libertad a Cuba. Pero Cuba, algún día, tendrá que reconocer los esfuerzos de este patriota, cuya arma, era estar parado junto a una piedra con una placa de bronce, y cuyo alimento durante horas en la noche y el día, era una sopa de pollo y un, pastel de guayaba, que pagaba de su miserable retiro de sus largos años trabajando en Estados Unidos.

Pena Pérez, un hombre discreto y sin alardes de ningún tipo, tendrá que ser recogido por la historia, como uno de los líderes de la libertad de Cuba, pisoteada por un grupo de aventureros y criminales que llegaron al poder, por una mano poderosa, que algún día se sabrá a qué obedeció esa maniobra de llevar a la esclavitud a todo un pueblo que logro su libertad ofrendando su sangre en la lucha.

Digan lo que digan, en broma o en serio, Penita tiene que ser reconocido, cuando Cuba sea libre, como uno de los baluartes de su libertad.

Yo dije por Radio, la 870, en el espacio del Coronel Matías Farías,. Que Benjamín León no era el pionero de los centros mutuales de medicina en La Florida. Pues bien, al día siguiente se presento allí Benjamín León, con uno de sus abogados y hablo con Rodríguez el dueño de las Emisoras, 670 La Poderosa y Unión Radio, exigiéndole,. que yo no hablara mas en el espacio de Matías Farías, u otro espacio de esas emisoras. El coronel Matías Farías, haciéndole caso al Jefe de Estado Mayor, Rodríguez, me envió el recado de que no fuera más por la emisora, cosa que voy a cumplir a cabalidad. Pero con eso no me van a impedir decir la verdad sobre los centros de corrupción que hay en Miami y el Sur de la Florida, que no están solamente en la política, sino también en algunos órganos de información de radio, televisión y prensa, que se venden asquerosamente y violan las libertades que brinda la Constitución Federal del gobierno norteamericano. Y este es un caso como para apuntarlo en el largo trayecto de corrupción de los órganos de prensa en el Sur de La Florida.

Entre otras cosas le molesto a Mr. Benjamín, que yo dijera que en 1960, cuando Moisés Líber y el Medico Dr. Spark fundaron ese primer centro de medicina mutualista, su padre, que no era médico, sino contador, no graduado, tuviera una mesita con dos sillas, permiso que la había dado el dueño del garaje de Flagler y la 12 calle, para que llenara los expedientes del *Income Tax*, por cinco dólares o tres dólares, no recuerdo bien.

Parece que al multimillonario Benjamín León, le molestaba que dijeran el trabajo honrado que estaba haciendo su, padre, que no era robándole al gobierno ni nada parecido, era una profesión que existía en el Sur de La Florida y que debía servirle de ejemplo a muchas personas. Porque trabajar, en cualquier trabajo, es digno de admiración.

Su padre, Benjamín León, se presento en la Clínica Cubana, que tenía dos meses de fundada y propuso a Moisés Líber, llevar la contabilidad y trabajar por seis meses sin cobrar sueldo, hasta que la clínica prosperara. Yo, el que escribe, recomendé a Moisés Líber que lo hiciera y le pagara cuando hubiese dinero.

A los tres o cuatro meses le comenzaron a pagar al Sr. Benjamín León padre, la cantidad de treinta dólares a la semana. A lo seis meses le aumentaron a cincuenta y al año ya ganaba cien dólares semanales.

Pero Benjamín León Jr. tenía otros planes y para hacerlos no sé donde consiguió el dinero, porque él, por esa época estaba de figurín en Miami, y si trabajaba, no podía ganar más de cincuenta dólares semanales.

Alquilaron un local, en la siete y la 12, y comenzaron a habilitarlo. Nadie sabía que negoción iban a meter ahí, porque el mobiliario que metían era de uso y de mala clase.

Y ocurrió que un día, en que Moisés Líber iba a ir en un paseo en su yate, al cual me invito y no pude ir, ocurrió la desgracia de su muerte. El barco que había comprador era Viejo y tenía algunos cables junto a los depósitos de gasolina, que estaban pelados y cualquier chispa pudiera ser fatal

Y en medio de todo esto, Benjamín Padre había inscrito el nombre de Clínica Asociación Cubana y su proyecto era comenzar con los socios de La Clínica Cubana, que su padre iba anotando en una libreta.

Tal como yo pensaba, el barco de Moisés, cuando llego de paseo y fondeo cerca del farito de Key Biscayne, su mecánico, trasteando los alambres eléctricos que había en la sentina, cerca de los tanques de gasolina, explotaron y como consecuencia de ello, Moisés Líber resulto ser el único muerto por la explosión. Murió en el Hospital, cuando yo hablaba con el que iba en una Camilla, para el salón de operaciones.

Esa muerte fue el faro de luz para los leones, que abrieron en el local de la siete y la doce una clínica y ese fue el comienzo de su incursión en le medicina mutualista.

Pasado un tiempo, organismos federales acusaron a la Clínica Asociación Cubana, de estar robando al medicare y le propusieron permitir venderla, si ellos informaban de todos los que hacían ese mismo trabajo. Y los leones cantaron como en una ópera y varios cubanos que estaban haciendo lo mismo, salieron corriendo para Venezuela, España y México. Entre ellos, algunos que ya estaban prosperando en el negocio cliniquero.

Y con el permiso del gobierno, los leones vendieron su clínica a unos australianos, que comenzaron en grande el negocio y que pagaron tres millones de dólares a los leones…

Durante el reparto del dinero, uno de los hermanos de los leones, llamado Rafael, fue sacado del dinero y en otra reunión, Rafael saco un revolver para matar al padre pero le aguantaron la mano y el disparo fue a dar en un mueble

Rafael se fue para Venezuela, donde este periodista y el ex comisionado Manolo Reboso, lo ayudamos en los primeros tiempos, hasta que puso un negocio de pieles de cocodrilos y de otros animales.

Y el León, Benjamín, llego a triunfar en el negocio de medicina mutualista y se hizo multimillonario, con aviones propios para viajar el mundo entero.

Después se hizo una venta rara y otros compraron todos los centros de León Medical Center, pero el hijo de León quedo como Presidente y su padre como el edecán mayor y toda la familia en sus puestos. Algo muy raro, ¿no les parece?

Y esa es parte de la Historia, donde para terminar incluyo el regalo que le hizo a León, el destacado comerciante colombiano Pablo Escobar Gaviria, que consistía en un caballo de paso fino, llamado profeta que había Ganado el premio de campeón mundial en ese giro Benjamín se lo vendió, posteriormente a un norteamericana o magnate de la industria automovilista.

Sin contar que este periodista que escribe, le busco a Benjamín un préstamo de doscientos cincuenta mil, en el Ocean Bank, cuando comenzó su Segundo intento en las clínicas mutualistas. El préstamo se le dio, el Jefe de Prestamos del Ocean Bank, Rafael Elortegui, ya muerto pero su hijo vive todavía y sabe como fue la historia.

Y no digo otras cosas para ponerle punto y aparte a esta información tan interesante, porque no me interesa entrar en el campo del gobierno Federal, las investigaciones y tener que tratar con las agencias federales.

Y quiero que alguien me desmienta todo esto, porque entonces voy a decir otras cosas peores, que las puedo probar, porque existen testigos. Pero como dije antes, pongo punto final a esta historia de esa familia de los leones, a quien el apellido les viene como pintado.

Yo estuve reunido antes de completar este libro, con el Alcalde de Coral Gables con el que hablamos de la ciudad, de su belleza y de la inspiración europea con que ha sido llevada. Le dije al alcalde, que todos los días, o casi todos los días de la semana, que yo iba a desayunar a la cafetería, que está junto al restaurante Islas Canarias en la 57 y la ocho del South West de Miami, frente por frente a la Avenida de Los Prados, por esa parte de la ciudad, por donde se entra a sus barrios, yo me paró dentro de mi carro y contemplo, la fuente de agua y el entorno de la avenida, con sus muros y callejuelas al estilo de la vieja Roma o de España, siglos atrás.

Le dije al Alcalde que para mi opinión, la ciudad de Coral Gables es una de las mas lindas de la Florida y quizá de Estados Unidos y aproveche el momento para preguntarle que cuanto era el valor promedio de una casa en esa ciudad y me respondió: "con menos de 600 mil dólares, usted no compra una casa en Coral Gables. Y agregó, que habían casas de tres y cinco millones dentro de la ciudad".

Por mucho que sea la belleza del entorno de Coral Gables, si usted no es millonario no puede vivir allí. Hay algunos que no siendo millonarios viven en una casa bella, pero la compraron treinta años atrás, cuando todo valía menos y ahora la casa, los convirtió en millonarios.

No le pregunte al Alcalde sobre los impuestos a las casas, pero de acuerdo con el valor, deben acercarse a los cien mil dólares o un poco más. Quiere decir esto que ningún "pelado" puede aspirar a vivir en Coral Gables.

Coral Gables es la única ciudad que usted no ve un crimen en la calle, o un comercio asaltado por ladrones, o uno de estos hotelitos prostíbulo que abundan en Miami, el orden no puede ser mejor, la tranquilidad de los vecinos es apreciada por muchos gracias a los funcionarios que han llevado por años la política y el comercio.

Yo dije que el que maneja en Miami, puede cruzar en bicicleta el desierto de Sahara, ida y vuelta. El automovilista de Miami no respeta señales de ningún tipo. La gran mayoría, de los que vienen a Miami por primera vez, o esos automovilistas jóvenes, con sus potentes carros, que convierten a Miami en una pista de carreras, ponen en peligro la vida de los residentes y en mayor escala, en las horas del tránsito, de las siete a las ocho de la mañana y de las seis a las nueve de la noche.

Lo que voy a decir parece una brutalidad, pero viendo el tránsito horrible de Miami yo creo que en Miami, no hay cien muertos diarios, por misericordia de Dios. Y eso es fácilmente verlo, rodando un automóvil en las calles de Miami y viendo los que convierten sus calles en pistas de carrera y que no respetan las señales del tránsito, ni el derecho del automovilista a manejar sin estos peligros.

Yo creo que el porciento más elevado en estas violaciones del tránsito, es obra de los que vienen por primera vez, jóvenes habidos de aventuras y que manejan como les da la gana, sin respetar la vida de otros que tienen que utilizar las vías para ir y regresar a su trabajo, o lo turistas que invaden la ciudad en sus vacaciones o paseos.

De todos modos hay mucha culpa por la escases de agentes del tránsito y que no se ven nunca, porque se escudan en esas camaritas que pone multas a los automóviles que ignoran los *stops* y las luces rojas de los semáforos y otras indicaciones del tránsito.

Hacen falta más agentes del tránsito vigilando las principales avenidas y calles de Miami. Los automovilistas solo respetan la presencia de la policía o de los carros de la policía. Lo demás no les importa y manejan sin ninguna preocupación.

YO FUI DIRECTOR DE UN CENTRO DE ADOCTRINAMIENTO MILITAR.

Esta escuela de adoctrinamiento militar, estuvo a una pulgada de costarme la vida. Lo supieron miles de personas, cubanos castristas, dominicanos castristas, en la universidad, en todos los bastiones militares, la prensa democrática, la prensa de Cuba, la Embajada de Estados Unidos, la Embajada de Cuba, los periodistas todos, los de Cuba y los de distintos países. En fin que me salve en una tablita, como dice el dicho. Mi vida estaba en las manos de mucha gente, tan es así, que cuando el Puente Duarte estaba al caer en manos de las hordas comunistas, el General Wessin, sabiendo que a mí me fusilaban dentro de la misma base de San Isidro, llamo al Presidente de Haití y le pidió mi entrada por un punto de la Frontera y que me pusiera en un avión para llegar a Miami. Por supuesto, que no le dijo la verdad, le dijo que yo iba a una misión muy importante y debía estar en Washington lo más rápido posible, de lo contrario la República Dominicana y Haití, caeríamos en las garras del comunismo.

En dos jeeps con una escolta militar llegue a la frontera de Haití y allí me estaban esperando tropas Haitianas, con altos oficiales que me llevaron a Puerto :Príncipe, donde un avión fletado por el gobierno Haitiano me llevo a Miami.

En esos últimos días de la revolución en Santo Domingo, mi vida no valía ni dos centavos. La labor que yo hacía de adoctrinamiento a los militares, para poder combatir al comunismo con sus mismas armas, le estaba dando duro a los que pensaban que ya tenían en sus manos la Isla La Española, Haití y Santo Domingo. Ese era el propósito que yo eche abajo adoctrinando a los militares y que en varias oportunidades estuvo a punto de costarme la vida.

Con mi nombre puesto en todos los periódicos, en carteles por toda la ciudad pidiendo mi cabeza y la jauría comunista siguiendo mis pasos y a punto de costarme la vida, como me ocurrió con aquella dama, que estuvo a punto de anotarse mi vida con una maniobra que nunca falla, la del bocado de una mujer bonita y fácil, hasta ahí llego mi labor al frente de la Oficina de Adoctrinamiento militar y civil, en aquellos días terribles en que Fidel Castro estuvo a punto de controlar la Isla la Española, la que comparten Haití y Santo Domingo.

Y aquí damos, con detalles históricos, cual era y como fue mi labor al frente de ese centro de adoctrinamiento militar, que considero como único en el Mundo.

Yo estuve muy vinculado con el general Elías Wessin, durante la revolución que trato de incorporar la República Dominicana, al sistema comunista que trataba de imponer Fidel Castro en la República Dominicana, a través de Juan Bosh, un político dominicano pro-comunista que dirigía, con otros líderes, un movimiento, para hacer de la Patria de Duarte, Sánchez y Mella, un país a la imagen y semejanza del de Cuba.

Yo en esos días, era periodista del Diario La Nación, que dirigía Rafael Bonilla Aybar, uno de los primeros anti-comunistas del País. Un día en un acto militar y conocí al General Elías Wessin, Director del Centro de Enseñanza de las Fuerzas Armadas Dominicanas y a partir de ese día me hice amigo del General, que me invito a ir a su Comando en San Isidro para que viera la potencia militar que tenía La Nación para combatir ese objetivo, que desde Cuba, con la cooperación de líderes comunistas dominicanos, estudiantes y algunos militares a los que habían convencido de que ese era el mejor sistema para Santo Domingo, se estabas cocinando en la Nación, Yo hable durante muchas horas con el General y me dijo que en algunas bases militares habían penetrado lideres que estaban convenciendo a oficiales y soldados, que debían imponer en Santo Domingo el sistema de Castro.

El General Wessin me dijo: "Mira Llano, lo que me preocupa es que esos malditos comunistas hayan penetrado en varios centros militares entre algunos oficiales y soldados y eso me preocupa mucho. Y me pregunto: ¿qué podemos hacer? Y yo le respondí, hacer lo mismo que hacen ellos, adoctrinar a los soldados y oficiales, en las ventajas de la Democracia frente al Comunismo".

Y como le podemos hacer, me pregunto y yo le dije: "Imitar a los comunistas, le respondí". Y el general abrió los ojos, asombrado, y me dijo como es eso que tú me estás diciendo. "Muy fácil, le respondí, imitando a los comunistas y adoctrinando en la democracia a oficiales y soldados de San Isidro y diciéndole con pruebas, la maldad del sistema, para la democracia, para la Nación, para el Ejercito y para la clase pobre.

¿Y cuando podemos comenzar? me pregunto y le respondí, " en cualquier momento, lo único que necesito es una oficina con un auxiliar que sepa de oficinas y ya está hecho. Y de esa forma nació el primer Centro de Adoctrinamiento Democrático en el Mundo militar que yo sepa no ha existido otro. Quizá en Rusia lo hicieron para implantar el comunismo, pero no hay pruebas.

Y el general Wessin me dijo, quiero que el Lunes vengas al Comando en la mañana y ya estamos comenzando.

Y el Lunes temprano yo estaba allí y el general me enseño mi oficina y un sargento de sus oficinas, que iba a ser mi auxiliar. "Ya todo está listo me dijo el general, ¿cuando comienzas? y le dije que al día siguiente y así se fundó la primera escuela militar de adoctrinamiento, democrático en el mundo y sus fundadores fuimos, el general Elías Wessin y este modesto periodista Antonio Llano Montes.

En el salón de conferencias de la Aviación Militar comenzó la primera charla a los soldados y oficiales y después de la presentación del General y el objetivo de se buscaba, me presento como el Director de la Escuela de Adoctrinamiento Democrático-militar, en el mundo y me dijo que yo hablara a los cientos de oficiales y soldados que habían allí y les explicara cómo podíamos eliminar el germen comunista.

Yo les dije: "los comunistas actúan como un microbio que se mete dentro del organismo de un ser humano, sea civil, militar o jefe militar y desde su propio organismo le cambia la mente, destruye sus ideas y lo convierte en un muñeco de cuerda, que usted lo domina como se domina un perro o un animal domestico y les explique, con detalles como mi patria, Cuba, había caído en las garras del comunismo".

Después de estar casi dos horas hablando... y dando detalles verídicos de lo que le ocurrió a Cuba con ese microbio del comunismo que nos metieron en la cabeza, un atronador aplauso se escucho en aquel Salón de Conferencias de la Aviación Militar de Santo Domingo.

Las charlas mías se trasladaron a todos los centros militares del país y eso formo en soldados y civiles, el deseo de matar el microbio comunista que trataba de cambiar la imagen política de La Nación.

Y el General Elías Wessin. Cuya inteligencia le dio paso a esa idea de este periodista, el que escribe Antonio Llano Montes, que es la fundación de la primera escuela de adoctrinamiento democrático que se hizo en este planeta tierra para un sector militar. Antes lo habían hecho los comunistas, para llevar la maldad y el hambre a muchos pueblos del Planeta, entre ellos Cuba. Pero nunca había llegado a los cuarteles militares.

Tuve un intenso trabajo en todas las regiones militares de la Nación y eso pudo llevar a que el sistema democrático no haya caído en las garra del comunismo como cayo Cuba.

En una de esas charlas un soldado, durante una conferencia, me pregunto: ¿Y cómo ustedes en Cuba se dejaron engañar tan fácil? Le respondí: porque el comunismo ya estaba trabajando en Cuba, desde los días de la revolución bolchevique y los rusos cayeron fácilmente en esa teoría del comunismo, que no le resuelve nada a los pueblos y si los lleva por el camino del hambre y el control absoluto de sus vidas Eso es lo que yo estoy haciendo aquí, impidiendo que ustedes caigan en ese charco inmundo que es el comunismo.

Un tornado aplauso salió de los soldados y los oficiales que escuchaban mi conferencia y que yo creo llegar a mil, pues habían los de otros destacamentos de la provincias.

Si eso se hubiese hecho en Cuba, en los días en que el Partido Comunista luchaba por integrar a Cuba en ese maldito sistema, Cuba seria libre en estos momentos y se hubiera evitado la sangre que ha corrido por la Isla.

Yo hable en mi programa de radio sobre la venta de la Isla de Watson al millonario Hindú Memeth Baraytar y hablo de venta, porque entregarle la Isla más valiosa a un negociante, a cambio de millones de dólares, es una venta, aunque la hayan disfrazado de un contrato parta mejorar la imagen de Miami y atraer al turismo y a los millonarios aquí a los espectáculos que se van a brindar en esa Isla.

El proyecto del multimillonario hindú, era vender a firmas de la India y Las Vegas, en Nevada, las tierras de esa importante Isla de Miami, para negocios de juego y otros que producen mucho dinero, como el juego que controlan un grupo de millonarios en ese Estado de los Estados Unidos.

Y los que tenían jurisdicción en esa parte del Sur de la Florida, eran la Ciudad de Miami, su alcalde Manny Díaz y su administrador Arriola y por supuesto los comisionados que tenían que votar la entrega de la Isla al multimillonario hindú. Y a cambio de una suma de dinero bastante alta, dicen que fueron más de cien millones, el millonario hindú, recibió ese pedazo de mar y tierra, que era la perla de la ciudad de Miami.

Afirman que la venta fue por doscientos cincuenta millones, cien repartidos entre la Administración, comenzando por el Alcalde y el Administrador y el resto entre los comisionados y los jefes administrativos de la Ciudad de Miami

Pues bien, en mi programa de radio en Radio Mambí, de Univisión Radio, yo hable de todo esto con pelos y señales. Y todo quedo como un comentario más en mi espacio de Radio Mambí. Pero ahí no terminó el problema.

Al mes de haber hablado de esta venta de un pedazo de Miami, el Director del Noticiero de Univisión Radio, Radio Mambí, me cito a una reunión con la directiva de la Emisora. Yo pensé que era para felicitarme por haber logrado el rating más alto, en esa hora, de todas las emisoras de Miami y el Condado cercano de Broward. El día de la cita, el Director del Noticiero, Armando Pérez Roura, me llevo al Salón de Conferencia donde estaba el Estado Mayor de Univisión y para sorpresa mía, también estaban señores extraños, junto al Alcalde de Miami, Manny Díaz y el Administrador de la Ciudad Arriola. Y estaban presentes, los altos directores de la Emisora, Radio Mambí, junto a gente extraña, que luego me dijeron habían venido de México y eran los dueños de ese noticiero de Radio Mambí.

Lo primero que me pidió la administradora fue, que le pidiera disculpas a Alcalde de Miami y su administrador y decir que me habían informado mal, con el propósito de que yo quedara como el único culpable de esa "calumnia".

La que me interrogaba era Claudia Puig la Directora General de esa Emisora o la "voz, más alta en Miami de sus propietarios y la única persona que podía gestionar esos "negocios", tan productivos para ese emisora radial.

Nunca me retracte de lo que dije y eso me costo que perdiera mi espacio en Radio Mambí, pero ese no fue el único caso que yo informe al público, otros también, que fueron cobrados al dejarme a mi fuera de la emisora.

Para algunos medios de prensa que reciben dinero de los negocios sucios de Miami, de las ciudades, de los condados del gobierno Federal y de los políticos corruptos mi salida de Radio Miami produjo mucho dinero y todo lo cobraron acreditándose quien me había sacado porque yo los ataque y denuncie cosas que no se podían probar.

Yo me sentí satisfecho de haber salido de esa emisora de Radio, que se vende a los políticos sucios y a los negocios turbios, como se vende un racimo de plátanos en un Mercado.

Y me sentí satisfecho de que me quitaran mi espacio en ese Noticiero que se vende al mejor postor, como se hace en la bolsa y donde casi siempre el que carga la sobre su persona el delito, es el periodista que los señala, para que a sus espaldas los directores vendan "la mercancía" y lo vendan a él, como fue el caso mío.

Y ese negocio sigue vigente, pero ahora le han dado la vuelta callando sobre ciertos negocios que cobra la emisora o el noticiero, a los periodistas y señalándole lo que pueden decir y como pueden atacar.

UN BARCO QUE SE HUNDE.

Mi vida es como un barco que se hunde. Escribir en la computadora era tan fácil como hablar. Ahora me cuesta trabajo, por haber estado algunos años sin usarla. La practica continua, es necesaria, como los motores que impulsan una nave, que cuando tienen un fallo la nave se queda a la deriva y hay que repararla o se hunde.

Mi vida y mi carácter fueron moldeados por dos escritores que ahora están desaparecidos: Julio Verne y Emilio Salgari. Y en mayor escala, por una gallega que nació en Galicia, en un pequeño municipio romano que se llama la Itálica, que fue fundado por Escipión el Africano y allí nacieron los emperadores de Roma, Adriano, Trajano y Marco Aurelio. Esa gallega se llamaba Blandina Montes y todavía me parecer escuchar cuando nos decía que el estudio era el principal camino para ser alguien en la vida.

Mi madre nos obligo a ir a la escuela, cuando éramos niños y ya de mayores comprendimos la importancia de aquella cantaleta de mi mama con los todos los hermanos y seguimos las orientaciones de aquella gallega que solo sabía leer y escribir.

Mis hermanos y hermanas avanzaron en la vida, una de ellas Josefina fue empleada de la primera tienda SEARS que se abrió en La Habana, que es taba ubicada cerca del capitolio.

Yo, por mi parte, estudiaba en la escuela pública y llegue a graduarme de Bachiller e ingresar en la Universidad de La Habana, en la facultad de Abogacía o Derecho Cuando comencé mi primer año, en esa facultad universitaria conocí a Fidel Castro que estaba en 2do. Año de la carrera de leyes.

Me hice periodista gracias a la generosidad del Rector de la Universidad, que me nombro para reportar la Marcha por la Ruta de Martí, de Playitas de Cajobabo, hasta Dos Ríos, el lugar donde murió José Martí el Apostol de Cuba. Esa marcha, de un poco menos de mil kilómetros, la hizo el Ejercito de Cuba, una sola vez, para rememorar la muerte de Martí en Dos Ríos.

La columna de casi 400 soldados iba a pie, por bosques y elevadas montanas. Los oficiales y los periodistas iban en caballos, pero cuando la marcha iba por altas montanas, era más saludable llevar el caballo por la brida y marchar a pie. Un paso en falso del caballo, significaba una caída de miles de pies montana abajo. Esa marcha patriótica me enseño muchas cosas y la principal de todas fue montar a caballo y conocer los peligros que enfrentamos, además dos capítulos importantes de la historia de Cuba.

La lectura de los libros de Julio Verne y Emilio Salgari, me ensenaron las aventuras, y el que luego fuera esposo de mi hermana Rosa, Bebo, fue el compañero mío en estas aventuras donde también iban los amigos.

Uno de ellos, al que le decíamos "Emilio El Loco", era el foco de la risa cuando acampábamos en los alto de las montanas o en algún bosque cerrado, de la Parte Este de La Habana, Bacuranao, que tenía altas montanas y bosques impenetrable.

Éramos muchachos, que todavía estábamos en la escuela y por eso cometimos muchos errores que podían habernos costado la vida. Uno de ellos, descubrimos una cueva a pocos pasos del camino, que después pudimos saber que le decían "LA CUEVA DEL CAMINO, que tenía hasta un río subterráneo que no se sabía a dónde iba a parar. Entrabamos en la cueva con faroles y linternas y un día nos metimos en el río dentro de la caverna y caminamos como una cuadra, hasta que uno de los que iba, éramos tres, creo que era Emilio el Loco, no acertaba a encontrar el fondo en sus pies y había una parte del río subterráneo que caía desde una altura de casi mil pies y llegaba a un borde de la montana. Si hubiésemos seguido explorando nos costaba la vida.

Queríamos imitar las aventuras de los libros de Salgari y por eso nos metíamos en camisa de once varas como dice el dicho.

Para ir a esa desolada Playa de Bacuranao, donde vivía un solo hombre, en una casita de Madera, junto a un fortín que hicieron los españoles, después del desembarco por ese mismo punto de tropas enemigas y piratas, había un camino, de casi 30 kilómetros, desde la Playa de Cojimar, que teníamos que recorrer a pie, a pocas cuadras del mar y soportar el ardiente sol y un camino de piedras y arbustos de espinas. Entonces llegábamos a Bacuranao, el final de la playa levantábamos las tiendas de campana y dejábamos los bultos que llevábamos en las espaldas, en mochilas, hechas por nosotros mismos. En esa playa, una de las mas lindas de la Costa Norte de Cuba, entre la Habana y Matanzas, Nos quedábamos una semana cuando mucho y disfrutábamos aventuras en las montanas cercanas y el mar.

Un rifle calibre 22, era lo único que llevábamos para defendernos. Hay que tener en cuenta que por aquella época, esa playa y sus alrededores eran lugares solitarios, donde no se veía una casa en veinte kilómetros a la redonda.

Allí disfrutábamos de diversiones sanas como bañarse en la playa, pescar o ir a las montanas a explorar. Una diversión sana, con algún peligro, pero que forjaba nuestras vidas en una juventud libre de drogas y de maldad, como es la costumbre de algunos jóvenes de hoy.

Nuestras familias confiaban en nosotros, pero lo único que no sabían era de que llevábamos un rifle calibre 22 y que podía ocurrirnos alguna desgracia. Pero nunca la hubo, porque los mayores eran los que gobernaban al resto.

Pero al fin ocurrió una desgracia y yo fui la víctima. En esa ocasión, cuando fui a poner el rife 22, pegado a una mata, lo lleve de la mano, agarrado tapando la boca del cañón y al ponerlo, el gatillo estaba para disparar y lo hizo y la bala atravesó mi mano derecha. Sangrando y con mi mano cubierta de trapos para impedir la salida de la sangre, pudimos llega a Cojimar y, cuatro horas después ir a un dispensario público que me hizo la primera cura. Desde esa época he podido saber que las armas pueden ser nuestros amigos, pero también nuestros enemigos

Así fue nuestra juventud, hasta que llegamos a la mayoría de edad. Yo escogí la carrera periodística, comenzando en la Revista Carteles, la más importante, junto con Bohemia, de Cuba. Yo escribía una página titulada "Tras la noticia" que tenía miles de lectores y llegaba a todos los países de habla española de América. Más tarde trabaje en la T.V. con Gaspar Pumarejo y en estaciones de Radio como Unión Radio, Cadena Oriental de Radio, Radio Capital Artalejo y otras. Fuera de Cuba, ya en el exilio, fui Director de la Revista Boricua de Puerto Rico, cuando fue comprada por Miguel Ángel Caprile, el Zar de la Prensa en Venezuela Y en República Dominicana, columnista del Diario La Nación, que dirigía mi amigo Bonilla Aybar.

Yo me había graduado en Administración Pública en la Universidad de La Habana y en la Carrera Consular y Diplomática, mientras estudiaba la Carrera de Derecho Público y Privado.

Tengo publicado más de cinco libros, que han sido elogiados por los lectores:" "La Dinastía", cuando yo preveía, que lo de Fidel Castro iba a ser una dinastía y así ha sido, "Mason Dios o Diablo", cuando fui a California a entrevistar a Charles Mason, el asesino de la actriz Sharon Tate y Jefe de una pandilla de asesinos y drogadictos, que tenían su cuartel general en un remoto lugar de California. Más tarde La Civilización Maya, después de largos recorridos por Chetumal, Champotón, Chichen Itza, Cantunil, Motul y todo el territorio Maya hasta el río Grande que limita a México con América Central. Esto me permitió conocer la civilización Maya y aprender más de cien palabras de su idioma.

Con mi participación en la revolución dominicana, junto al General Elías Wessin, que evitamos que Juan Bosh saliera electo Presidente de ese país, para reeditar la política de Fidel Castro, escribí el libro Barricadas de Odios. Yo era el director de Relaciones Publicas del Comando Militar del General Elías Wessin.

Soy el autor de varios libros, relatando mis aventuras alrededor del mundo, especialmente en América, África y Europa.: " Historia de la "Civilización Maya", La Dinastía", Barricadas de Odios"" y recientemente "La Vida Inútil de un Periodista, así como el ultimo: "Sin Bajar la Guardia". Ninguno de esos libros me ha reportado ganancia alguna, debido a que los financie con mi dinero y en algunos, tuve perdidas entre el costo y la venta. Pero que importa, toda vida narrada es un precioso boletín para el que quiere aprender. Y para el autor, una experiencia más en la vida y dejar un legado de cultura y conocimientos.

Y en este libro que estoy presentando, hay temas candentes, por los que puedo esperar alguna reacción, pero estoy acostumbrado a la lucha y no le tengo miedo a los fantasmas, ni a los muertos ni a los vivos, porque mi conciencia agradece trasmitir a miles de personas, acontecimientos importantes y un legado de la historia y de la civilización en que vivimos

Estoy satisfecho con mi vida de periodista, escritor y de haber participado en la opinión de muchos periódicos y noticieros de radio y televisión. Creo que el deber esta cumplido y agradezco la atención de mis lectores, oyentes de la radio y videntes de mis programas de la Televisión, en los distintos países donde he actuado.

Les dejo sobre la mesa este último libro que escribo y espero que lo disfruten. No me importa lo que me depare el futuro, tampoco tiemblo ante la amenazas de los vivos o los que le molestan alguna de mis informaciones u opiniones, vivo limpio de odios, traiciones y estoy satisfecho con mi vida.

¿NO CREE USTED QUE LA CAPITAL DE LOS ESTADOS UNIDOS ESTA MAL UBICADA GEOGRÁFICAMENTE Y TAMBIÉN EN OTROS ASPECTOS?

¿Qué hace la capital de Estados Unidos en un pequeño pueblo llamado Washington? ¿No sería mejor estar a pocas millas y tener un control de las dos Américas, Centro América y el Caribe? Las nuevas armas, la distancia para sus barcos y la mejor información, no puede estar lejos de su control y el control de sus aviones y barcos.

Es hora de que los norteamericanos piensen, en un futuro no muy lejano, que la geografía y el poder, esta en la ubicación de los centros de ese poder, en tiempo, en distancia y del control de sus barcos y aviones y el traslado de su mercancía o fuerzas armadas. El que orea lo contrario, esta mas perdido que una mosca en el desierto.

¿Qué hace Washington tan lejos de esos poderes que es la distancia? Si Washington, el patriota, pudiera pensar en su tumba, estoy seguro que pensaría de igual forma. No hay que ser muy leído y escribido y valga el refrán, para darse cuenta que la Capital del poder mas grande del mundo, esta muy lejos de ese mundo, no importa el medio de traslado que usted tenga.

La Ciudad de Miami, en tiempo y distancia, seria la mejor ubicación para la Capital de Estados Unidos. Esta a tiro de piedras de Bahamas, Cuba, el Caribe Sur América, Centro América y en un costado de México,y todo el Sur de los propios Estados Unidos. Y hasta un niño de primer grado sabe, el valor que tiene la distancia y la geografía en los tiempos modernos.

No es lo mismo ir a Cuba, su aliado, a Santo Domingo y Puerto Rico, que tener sus aviones y barcos a miles de millas de su objetivo. Y en una guerra y en la industria y el comercio esa es la primera cosa en que hay que pensar.

Si en estos momentos la China, tuviera la posición que tiene Estados Unidos en un vasto continente como es América, , le tendríamos que decir adiós a su poderío económico de ser el número uno, en la Cámara de Comercio Mundial. Vayan pensando en esto los que controlan ese poder.

Vuelvo y repito que la distancia es negativa para los que el control mundial del comercio sea una realidad. Por eso digo que la Capital de Estados Unidos esta muy alejada de los poderes económicos y políticos.

Ya los que dicen la ultima palabra en Washington, deben ir pensando que, geográficamente, Miami es el lugar ideal para la para establecer la capital.

Y con eso le daría mas unidad para los chinos que avanzan a pasos agigantados en América, con su comercio de centavos. Ademas tendríamos no solo el poderío del comercio, sino también el poder político.

Los que están arriba vayan pensándolo en esto y no se duerman en sus laureles, porque si China se acerca a

América y Europa, hay que decirle adiós al control del comercio mundial por los poderes de Occidente.

LA REUNIÓN ENTRE CASTRO Y OBAMA

El tema de Cuba: medio siglo de tiranía, la peor desde que el mundo es mundo, millones de opiniones, tesis y planes de política mundial. Sufrimiento de una nación, crímenes, despojos a la propiedad, miles de fusilamientos y como resultado final, no hay un plan serio para terminar con esa tiranía, nunca antes vista en este planeta. Nadie ve, nadie oye, nadie toca al tirano ni con el pétalo de una rosa. Todos le dan la espalda y dar la espalda en política es aprobar. Todo es como tener un muerto en la casa y nadie sentir el mal olor. ¿Se puede seguir creyendo que Fidel Castro llego a la cúspide por sus méritos, por su heroicidad, por su talento y que ha sido mas grande que napoleón, Carlos V, Mahoma, Cristo y todos los grandes que el mundo ha dado? ¿O hay que pensar profundamente, los que piensan, que detrás de todo esto hubo una mano poderosa que lo puso allí y le permitió convertir a un país prospero en un depósito de basura? Detalles que aclaran un poco de la verdad.

Lo de Cuba lo quieren convertir en un crucigrama, en una adivinanza, en algo misterioso a donde no se puede llegar, en la gran mentira mundial, en el adivina y adivinarás, o en el caso mas serio de un país desarrollado que es supeditado al poder mundial del dinero y la política.

Lo de Cuba tiene una explicación bien simple, para que nadie se rompa la cabeza pensando que, Cristo, Mahoma, los grandes monarcas de la historia, los poderes mundiales del dinero y la política, fueron los que pusieron en Cuba a Fidel Castro por mas de medio siglo y sigan sumando.

La Isla de Cuba era y sigue siendo la llave del Golfo de México, el trampolín para el dominio de América Central y la mitad de Sur América, ademas del Caribe y el archipiélago de islas al Sur Este de Estados Unidos y dentro del Golfo de México. ¿Se puede fabricar una posición política mejor? No creo que ni que el Mago de Oz pueda hacerlo.

Cuando se pueda amarrar las manos o llevar a un tribunal mundial, a los grandes de la política y el dinero que pusieron a Fidel Castro en Cuba, es entonces cuando Fidel Castro quedará en la historia como un títere, un muñeco, que sacrifico a millones de seres y los puso a vivir dentro de un apestoso barril como el pobre Diógenes y quedara aclarado, quienes fueron los que pusieron en Cuba a Fidel Castro y crearon al monstruo mas feroz y criminal de este milenio.

Y el mito de la inteligencia y la valentía de Fidel Castro, rodara por el suelo como una apestosa pelota que nadie la quiere tener en sus manos y se cerrara una bochornosa pagina de la historia de América.

Los grandes poderes de la política y el dinero han creado, a través de siglos, muchos monstruos y cuando se sepa a nivel mundial , que la inteligencia, el valor y el haber llevado a Cuba, un país adelantado en todos sus aspectos . a vivir en un apestoso pantano de inmundicias, el nombre de Fidel Castro quedara marcado en la historia al nivel del famoso Caballero de País, aquel personaje del folclore de Cuba, que ni era de París, ni era caballero.

PERIODISTAS Y POLICÍAS DE MIAMI EN UNA MISIÓN A SAN JOSÉ DE LA MONTAÑA EN COSTA RICA, PARA HACER UNA IGLESIA Y LLEVAR LA CIVILIZACIÓN A UN CASERÍO RODEADO DE SELVAS, OSCURIDAD Y FRIO.

Los libros de Salgari y Julio Verne, que leía en mi juventud , me han llevado a meterme en mil aventuras y peligros, de los que ha salido sin un rasguño. El último intento acabo de hacerlo incorporándome a una Misión para llevar la Iglesia y civilización a San José de la Montana, un caserío que vive sin la protección de Dios y de una gran parte de la civilización, ubicado a mas de dos mil pies de altura ,rodeado de montanas, selvas, oscuridad y frio.

Mi hijo Daniel Llano Montes, oficial de la Policía del Condado, en Miami, me acompaño y jugó un papel importante, en esta misión para devolver a la vida con Dios y la civilización a un caserío rodeado de selvas, , a dos mil quinientos pies de altura. Eso acaba de ocurrir en San José de la Montana en Costa Rica, donde un grupo de misioneros, de Costa Rica y de otras partes del mundo, nos dimos a la tarea de fabricar una Iglesia y llevar a Dios a esa comunidad olvidada por la civilización.

Un grupo de veinte o más personas, de Costa Rica, de Miami y de otros países, se dieron a la difícil tarea de construir una Iglesia y llevar a Dios a ese caserío , rodeado de montanas, impenetrables selvas, oscuridad y frio . En ese grupo las mujeres, esposas, hijas y amigas, trabajaron hombro a hombro con los hombres que lograron hacer la Iglesia del Milagro y llevar a Dios y la civilización a esa región ubicada en altas montanas y rodeada de selvas.

Durante una semana, mi hijo Daniel, se levantaba , tomaba el desayuno que podían hacían las mujeres y comenzaba a utilizar el pico y la pala, para hacer la obra de Dios a la que nos habíamos unidos. Todo era hacer concreto, en condiciones, casi primitivas, sin herramientas eléctricas, y solo con la fuerza de un ser humano.

Yo, este periodista, llevaba agua a los trabajadores, herramientas y cuidaba que todo saliera bien en la obra que hacíamos, pues es sabido que el que esta fuera de ese esfuerzo humano ve mejor un error o una herramienta perdida.

Yo vi a mujeres jóvenes y de más edad, con una pala en sus manos virando concreto y llevándolo en pesadas carretillas a donde estaban los trabajadores hombres, que hacían el piso y las paredes de la Iglesia del Milagro en San José de la Montaña, en Costa Rica.

Por la noche, después de una ligera comida que preparaban las mujeres, todo era arroparse en el comedor, resistir el frio y la humedad, rodeado por altas montanas y selvas impenetrables... El sueño era acompañado por los gritos de las lechuzas y los monos, que le decían a uno donde estábamos ubicados junto a una oscuridad de boca de lobos , chillidos de los monos y el grito de alguna fiera en las selvas de los alrededores.

Así transcurrieron diez largas noches rodeado de selvas y el grito de aves nocturnas y los rugidos de alguna fiera de aquella selva impenetrable. El frio, la oscuridad y el silencio de la noche, eran nuestros compañeros.

Y he mencionado varias veces el frio, la oscuridad , por ser eso lo que nos decía donde estábamos, que podíamos esperar y cuando regresaríamos a la vida civilizada. Pero nada nos hizo retroceder y al cabo de una semana, pudimos ver el final de nuestro esfuerzo, cuando el piso, las paredes y el techo de la Iglesia, ya estaban terminados y ese pequeño caserío ya estaba acompañado por Dios y la civilización a su alrededor.

En esta Misión el esfuerzo de los hombres no fue muy distinto que el de las mujeres, a las que vi virar concreto, con palas en sus manos y subir pesadas herramientas a los que trabajaban el techo. El esfuerzo de hombres y mujeres, era parejo , pero pienso que las mujeres le dieron a los hombres un ejemplo de valentía y resistencia.

La Iglesia de San José de la Montana, debía ser concluida con una placa de bronce con los nombres de mujeres y hombres que hicieron posible el milagro de ubicar a Dios y la civilización en ese apartado lugar de las montanas de Costa Rica.

Los que hicieron posible el milagro de llevar a Dios y la Iglesia, a esa apartada región del Planeta, vivirán eternamente en el corazón de los que hicieron posible ese milagro del esfuerzo de hombres y mujeres.

Y felicitamos a todos los que fueron a llevar a Dios a ese lugar Escondido del planeta , hombres y mujeres en un esfuerzo común y desinteresado.

El grupo de personas que colaboró voluntariamente para
construir la iglesia en San José de la Montaña.
Abajo, el autor de este libro, quien formó parte del equipo.

¿QUIÉN ES EL AUTOR DE ESTE LIBRO?

Un periodista profesional, nacido en Cuba que ha pisado las más apartadas regiones de este planeta y sus más importantes ciudades del mundo, para dejar testimonio de todas sus experiencias.

Comenzando por sus viajes dentro de Cuba, podemos informar que junto al Ejercito y siendo él un periodista novicio, con 18 años de edad, recorrió la ruta histórica de José Martí, el Apóstol de Cuba, desde Playitas de Cajobabo, en Oriente, hasta Dos Ríos, en la confluencia de los ríos Cauto y Contramaestre, donde murió José Martí en batalla contra las tropas españolas. También, al año, siguiente, hizo el recorrido del General Antonio Maceo, desde los Mango de Baraguá, en Oriente hasta el extremo más occidental de Cuba, en Pinar del Río, a más de mil kilómetros de distancia.

Recorrió toda África, estuvo junto a los guerrilleros de Angola, conoció personalmente a Sabimbi y a Daniel Chipenda, ex Primer Ministro de Angola. Estuvo en la Guerra de Costa Rica y Nicaragua, cuando fue invadida por grupos armadas, donde cayó prisioneros y estuvo a punto de ser fusilado.

En la Universidad de La Habana, donde estudiaba, estuvo estrechamente relacionado con Fidel Castro, pero le reclamo en tono furioso y le dijo que era "un animal salvaje", cuando mato a sangre fría al teniente, Caral de la Policía Universitaria porque le había quitado una pistola del cinto, estando armado dentro en la Plaza Cadenas en la propia Universidad.

Cuando era estudiante, le salvo la vida dos veces a Fidel Castro, que también era un estudiante, y otra vez, mas tarde, cuando era el propietario de Cuba, al estallar el Vapor la Cubre en los muelles de Tallapiedras, en La Habana, donde había explotado el vapor La Coubre, que traía armas para el ejercito fidelista cuando le dijo "que no fuera hasta donde estaban ardiendo los restos del vapor". Cinco minutos después que se lo dijo, exploto nuevamente La Coubre y produjo una veintena de muertos y Fidel y este periodista salvaron la vida. De haber ido a los restos del vapor que ardía, los dos hubiesen perdido la vida. Por eso yo, indirectamente, me considero un culpable de la tragedia de Cuba.

El autor de este libro, combatió la tiranía de Fidel dentro de Cuba y en los 45 años que vivió en el exilio. En Cuba, en cierta ocasión le dijo a Fidel, en su propia cara, cuando era el dueño de La Isla, "yo no sabía que tú eras tan hijo de p..., fusilaste al Comandante Capote, quien te tuvo en el presidio viviendo como un turista en un Hotel de cinco estrellas".

Al salir al exilio se radico en Venezuela, donde recibió la ayuda de Miguel Ángel Caprile y su familia y comenzó a trabajar como columnista del periódico "El Mundo". También estuvo en la República Dominicana, junto al general Elías Wessin, durante la revolución de 1965, en que ambos lucharon para que el comunismo no se adueñara de ese País.

La historia del autor de este libro es muy larga, la hemos contado a grandes rasgos, para que puedan disfrutar el contenido de este Nuevo libro.